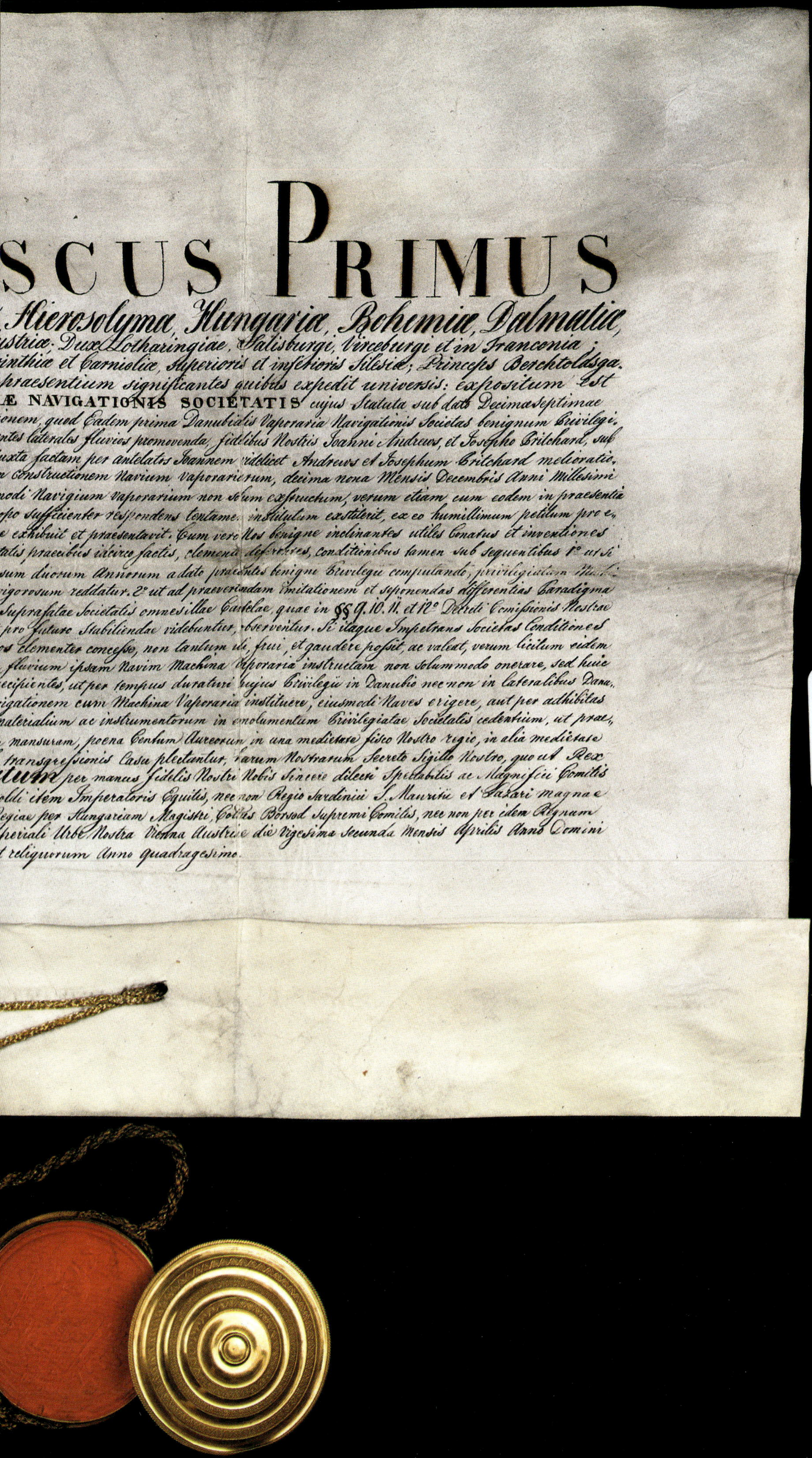
SCUS PRIMUS

Hierosolymae, Hungariae, Bohemiae, Dalmatiae,
ustriae; Dux Lotharingiae, Salisburgi, Virceburgi et in Franconia
inthiae et Carnioliae, Superioris et inferioris Silesiae; Princeps Berchtoldsga.
praesentium significantes quibus expedit universis: expositum est
Æ NAVIGATIONIS SOCIETATIS cujus Statuta sub dato Decimaeseptimae
ionem, quod Eadem prima Danubialis Vaporaria Navigationis Societas benignum Privilegi.
ntes laterales fluvios promovenda, fidelibus Nostris Joanni Andrews, et Josepho Pritchard, sub
uxta factam per antelatos Joannem videlicet Andrews et Josephum Pritchard melioratio.
n constructionem Navium vaporariorum, decima nona Mensis Decembris Anni Millesimi
nodi Navigium vaporarium non solum exstructum, verum etiam cum eodem in praesentia
rpo sufficienter respondens tentame. institutum exstiterit, ex eo humillimum petitum pro e.
e exhibuit et praesentavit. Cum vero Nos benigne inclinantes utiles Conatus et inventiones
talis praecibus idcirco factis, clementer deferentes, conditionibus tamen sub sequentibus 1º ut si
sum duorum Annorum a dato praesentes benigne Privilegii computando, privilegiatam Navi.
vigorosum reddatur. 2º ut ad praeveniendam imitationem et seponendas differentias Paradigma
Suprafatae Societatis omnes illae Cautelae, quae in §§ 9. 10. 11. et 12º Decreti Comissionis Nostrae
pro futuro Stabiliendae videbuntur, observentur. Si itaque Impetrans Societas Conditiones
os clementer concesso, non tantum uti, frui, et gaudere possit, ac valeat, verum licitum eidem
fluvium ipsam Navim Machina Vaporaria instructam non solummodo onerare, sed huic
ecipientes, ut per tempus duraturi hujus Privilegii in Danubio nec non in lateralibus Danu.
igationem cum Machina Vaporaria instituere, ejusmodi Naves erigere, aut per adhibitas
materialium ac instrumentorum in emolumentum Privilegiatae Societatis cedentium, ut prae.
mansuram, poena Centum Aureorum in una medietate fisco Nostro regio, in alia medietate
transgressionis Casu plectantur, harum Nostrarum Secreto Sigillo Nostro, quo ut Rex
ium per manus fidelis Nostri Nobis sincere dilecti Spectabilis ac Magnifici Comitis
oldi item Imperatoris Equitis, nec non Regio Sardinici S. Mauritii et Lazari magnae
egiae per Hungariam Magistri, Co. ttus Borsod Supremi Comitis, nec non per idem Regnum
periali Urbe Nostra Vienna Austriae die vigesima secunda Mensis Aprilis Anno Domini
religuorum Anno quadragesimo.

Die Donau

Bild links:
Die «Donauquelle» im Schloßhof von Donaueschingen.
Vorsatz vorn:
Das kaiserliche Patent für die Gründung der «Ersten Donaudampfschiffahrtsgesellschaft» im Jahre 1829. Gegründet von zwei Engländern, wurde die DDSG im vergangenen Jahrhundert zur ersten und größten Binnenreederei Europas.

Fred Peer Heinz Siegert

Die Donau

Strom und Schicksal Europas

Reich Verlag
terra magica

Vereinigung des Donaubaches (fürstenbergische Schloßquelle) mit der Breg bei Donaueschingen, wie sie Jakob Alt zu Beginn des 19. Jahrhunderts sah.

Gestaltung: Hannes Opitz
Karte: Peter Šefl

Jubiläumsausgabe 1983

Reproduktionen durch Newsele, Milano
Gesetzt aus der Aldus-Buch und gedruckt
bei der Süddeutschen Verlagsanstalt,
Ludwigsburg
Gebunden bei Großbuchbinderei Sigloch,
Künzelsau
Printed in Germany 1983

ISBN 3-7246-0193-6

Inhalt

Die schwarzweißen Abbildungen im Text stammen aus dem Bildarchiv der Österreichischen Nationalbibliothek in Wien.

Die Farbaufnahmen auf Seite 177, oben: Bio-Info/Curth; unten: Bio-Info/Wothe.

Strom und Schicksal Europas

Im Schloßpark zu Donaueschingen sprudelt eine Quelle in vornehmer Fassung, die, so wollte es ein Fürst, als «Quelle der Donau» bezeichnet wird. Eine fromme patriotische Lüge für eines großen Stromes Ursprung. Die «Donauquelle» ist nur eine von den vielen Karstquellen des Schwäbischen Jura. Die Donau wird außerhalb von Donaueschingen durch den Zusammenfluß der beiden Schwarzwaldbäche Brigach und Breg «zu Wege gebracht». Doch auch sie wären für die Donau als Schicksalsstrom Europas ohne Bedeutung, würden sie nicht durch die kraftvollen Zuflüsse aus den Alpen, durch Iller, Lech, Isar oder Inn, aufgewertet.

So scheint denn auch die Frage nicht ganz unberechtigt, weshalb Brigach und Breg nach ihrer Vereinigung mit der Iller nicht als Iller den nahezu dreitausend Kilometer langen Weg quer durch Europa nehmen. Oder als Lech, als Isar oder gar als Inn, der ja – zugegeben – bei seiner Mündung in die Donau weit stärker, weit mächtiger, weit kräftiger, weit drängender als die schon ein wenig müde gewordene Donau ist.

In Rom steht auf der Piazza Navona der berühmte Berninibrunnen, bei dem die damals im 17. Jahrhundert bekannten vier Erdteile durch Flußfiguren symbolisiert werden. Nach Giovanni Lorenzo Berninis Auffassung verkörpert dabei die Donau den europäischen Erdteil. Der französische Historiker V. L. Tapié, der sich ein ganzes Leben lang mit den Donauvölkern und dem Donauraum beschäftigt hat, pflichtet dem italienischen Barockbildhauer bei, wenn er meint, «daß das Schicksal Europas sich an der Donau entscheiden mußte. Und wahrscheinlich auch in Zukunft entscheiden wird.»

Das Einzugsgebiet des Stromes umfaßt rund achthundertsiebzehntausend Quadratkilometer. Der Staat, der bis 1918 am Mittellauf der Donau bestanden hatte, war nahezu sechshundertsiebenundsiebzigtausend Quadratkilometer groß, so daß man das alte Österreich-Ungarn mit Recht als Donaumonarchie bezeichnet. Durch das habsburgische Donaureich wurden jedoch auch weite Gebiete politisch, wirtschaftlich und kulturell in den Donauraum mit einbezogen, die ihm geologisch nicht zugerechnet werden dürften; so etwa der böhmische Raum, das polnische Galizien, Slowenien oder auch das italienische Friaul.

Das Einzugsgebiet der Donau wird als Donauraum bezeichnet. Daß die Donau alle ihre Anrainer – das schwäbische Quellgebiet und das winzige russische Mündungsgebiet einmal ausgeschlossen – zu einem Raum vereinigt, das unterscheidet sie von allen anderen großen Strömen Europas. Es gibt keinen Rheinraum und auch keinen Wolgaraum, wenngleich beide Ströme wirtschaftlich eine weit größere Bedeutung haben. Der Donauraum umfaßt die verschiedensten Landschaften, Länder, Völker und Kulturen und verbindet durch seine geopolitische Lage fast alle Völker beinahe unmittelbar miteinander.

Donaumündung bei dem damals (1826) noch türkischen Sulina ins Schwarze Meer. Heute gehört Sulina zu Rumänien.

Vom Anbeginn der europäischen Geschichte haben kraftvolle Herrscher und Dynastien immer wieder versucht, die Völker an der Donau in einem Reich zu vereinen. Die bulgarischen Khane ebenso wie die osmanischen Sultane, die ungarischen ebenso wie die böhmischen Könige. Gelungen ist die Reichsbildung nur den Habsburgern.

Aber alle diese Versuche haben kulturelle, politische und auch wirtschaftliche Spuren hinterlassen, die über den Zusammenbruch des Habsburgerreiches hinaus bis in unsere Zeit wirksam geblieben sind. Die Gemeinsamkeit des Raumes reicht aber noch weiter zurück: über Römer, Kelten, Thraker und Illyrer verliert sie sich in fernster prähistorischer und sogar erdgeschichtlicher Vergangenheit.

Vor einigen Millionen Jahren, im Pliozän, mündete die Urdonau in ein gewaltiges Meer, das bis an den Rand des heutigen Wienerwaldes reichte. Als dieses Urmeer zurückging, zog es die Mündung der Donau mit sich, die sich erst nach Millionen Jahren im heutigen Schwarzen Meer stabilisierte. Die Donau, wie wir sie kennen, entstand vor etwa zehntausend Jahren.

Diese erdgeschichtliche Entwicklung vereinigte den pontischen, das heißt den Schwarzmeerraum, mit dem pannonischen, die südrussischen Steppen mit dem Marchfeld bei Wien. Und es ist gewiß kein Zufall, daß die Steppenvölker Asiens den durch die Donau vorgezeichneten Weg nach Europa genommen haben.

Erstmals, wenn auch noch recht zaghaft und unbestimmt, wurde der gewaltige Strom von den Griechen in das Licht der geschriebenen Geschichte geholt. Die Donau wurde mit ihrem thrakischen Namen als Istros (später lateinisch Ister oder Histros) bezeichnet. Der Name Danuvius oder Danubius ist wahrscheinlich keltischen Ursprungs und wurde erstmals von den Römern verwendet.

Ende des 6. Jahrhunderts v. Chr. gab der griechische Geograph und Historiker Hekataios von Milet eine ziemlich genaue und richtige Beschreibung über den Lauf der Donau, die den Griechen zuvor nur im Zusammenhang mit ihrer Sagen- und Götterwelt bekannt war. Seine Kenntnisse über den Strom hat Hekataios wahrscheinlich in der griechischen Kolonie Histria am Schwarzen Meer erworben. Diese Stadt wurde im Jahre 600 v. Chr. in der heutigen rumänischen Dobrudscha zwischen Donau und Schwarzem Meer gegründet. Ihre

Seite 9:
Von den Höhen des Schwarzwaldes nimmt die Donau ihren 2860 Kilometer langen Weg bis zum Schwarzen Meer.

Seite 10, oben:
Im fürstlich-fürstenbergischen Schloßpark von Donaueschingen wurde eine der Karstquellen im Ursprungsgebiet der Donau in einem Brunnenrondell gefaßt. Sie ist für die Besucher aus aller Welt die eigentliche Donauquelle.

Seite 10, unten:
Die Brigach in Donaueschingen. Als geographischer Ursprung der Donau gilt der Zusammenfluß der beiden Schwarzwaldbäche Brigach und Breg unterhalb von Donaueschingen.

Seite 11:
Das Schloß der Fürsten zu Fürstenberg in Donaueschingen, einst Residenz eines Zwergfürstentums, wurde um 1723 im Barockstil erbaut, in den Jahren 1893–1896 jedoch stark verändert. – Unten: *Im Schloßpark.*

Seiten 12/13:
Zwischen Immendingen und Fridingen versickert ein Großteil des Donauwassers im Karst der Schwäbischen Alb. Die Donau wird zu einem kümmerlichen Rinnsal, und in niederschlagsarmen Zeiten ist das Donaubett sogar ausgetrocknet. 12 km weiter südlich tritt die Donau wieder zutage, und zwar als «Aachquelle», die mit einer Wasserschüttung von 10 000 Liter pro Sekunde die wasserreichste Quelle der BRD ist. Für ihren unterirdischen Weg von der Versickerung bei Immendingen bis zu ihrem Wiederaustritt braucht die Donau je nach Jahreszeit und mitgeführter Wassermenge zwischen 20 und 40 Stunden. Dies wurde durch Farbbeimischung getestet.

Seite 14:
Ein kleiner romantischer Bach, das ist die Donau in ihrem Oberlauf; noch kann man die Mächtigkeit und Größe des Stromes nicht ahnen.

Seite 15:
Donaudurchbruch zwischen Tuttlingen und Sigmaringen mit Burgen und Burgruinen auf steilen Felsen. Im Bild: Schloß Bronnen.

Seite 16:
Kloster Beuron ist das Mutterhaus mehrerer Benediktinerklöster der Beuroner Kongregation und – flußabwärts – das erste der zahlreichen Donauklöster.

Ruinen in der Nähe der Touristenkolonien Mamaia und Mangalia belegen die große kulturgeschichtliche Vergangenheit der Völker an der unteren Donau.

Das geographische Interesse der Griechen an der Donau erlosch mit dem Einbruch der Kelten in den mittleren und unteren Donaulauf. Das friedliche Nebeneinander des «barbarischen» Europa (für die Griechen waren alle Völker außerhalb ihres Kulturkreises «Barbaren») mit dem mediterranen Europa war damit zu Ende. Die frühen Kenntnisse gingen verloren, und an ihre Stelle traten wieder die mythischen Vorstellungen der antiken Literatur.

Ab dem 4. Jahrhundert v. Chr. hielt sich bei den griechischen Historikern und Geographen lange Zeit hindurch die Theorie der Bifurkation der Donau, das heißt der Trennung des Stromes in zwei Arme, von denen der eine in das Schwarze Meer und der andere in die Adria münde.

Für Herodot, der als einziger griechischer Historiker seiner Zeit die Erkenntnisse Hekataios' bruchstückhaft in seine Überlegungen mit einbezog, war der das ganze Europa durchfließende Istros das nördliche Pendant zum Nil. Er vermutete den Ursprung des Stromes im für ihn noch unbekannten, fernen Keltenland. Tatsächlich entdeckt wurden die Donauquellen erst Jahrhunderte später durch den nachmaligen römischen Kaiser Tiberius im Jahre 15 v. Chr.

Herodots Vergleich der Mündungsgebiete von Nil und Donau ist nicht so abwegig. Alle großen frühen Kulturen sind dort entstanden, wo die ackerbautreibenden Menschen die besten und günstigsten Lebensbedingungen vorgefunden haben: An der Mündung jener großen Ströme, an denen die Kontinuität des menschlichen Lebens am wenigsten durch klimatische Veränderungen bedroht waren.

Archäologische Funde in Rumänien und Bulgarien bestätigen in zunehmendem Maß die Annahme mancher Historiker, daß auch an der Donaumündung und am Schwarzen Meer schon vor der griechischen Kolonisierung Völker und Stämme mit hohem kulturellem Niveau gelebt haben: so die Skythen, Geten und Thraker.

Heute weiß man aber auch, daß an der unteren Donau schon Ende des 3. vorchristlichen Jahrtausends friedliche Ackerbauern gelebt haben, die von der geistig-kulturellen Ausstrahlung der Sumerer und Babylonier ebenso erfaßt wurden wie die Völker der Ägäis. Den Funden nach zu schließen, sind die Bauern der Jungsteinzeit donauaufwärts bis ins heutige Bayern vorgestoßen. Sie haben das Getreide, den Pflug und den Wagen an die obere Donau gebracht.

In den jüngsten Jahren wurden an der unteren Donau sensationelle archäologische Funde gemacht, die zu einer Revision unseres bisherigen Geschichtsbildes zwingen. Da sind beispielsweise jene im bulgarischen Gradeschniza gefundenen Tontafeln zu nennen, die zu den ältesten Schriftdenkmälern der Welt zählen. Die Schriftzeichen auf den kleinen Tonplatten sind etwa viertausend Jahre v. Chr. entstanden, rund eintausend Jahre vor der minoisch-kretischen Linear-B-Schrift, die bisher als die älteste europäische Schrift galt. Oder der Goldfund von Warna aus dem Jahre 1972. Die in einem Grab gefundenen Armreifen, Diademe und Kultgegenstände aus purem Gold wurden etwa dreitausend Jahre v. Chr. von Goldschmieden unbekannter Herkunft kalt geschmiedet, zu einer Zeit, in der in Ägypten die ersten Dynastien gegründet und im übrigen Europa noch tiefste Steinzeit herrschte.

Die Goldschätze von Warna belegen die Existenz einer bisher nur aus Überlieferungen bekannten Kultur und dürfen in ihrer Bedeutung für die historische Forschung der Entdeckung Trojas durch den deutschen Privatarchäologen Schliemann gleichgestellt werden.

Und am Oberlauf? Hier trat die Bronzekultur gegenüber dem Mündungsgebiet mit einer Zeitverschiebung von mehr als tausend Jahren ein. Zur Zeit des Trojanischen Krieges – etwa 1200 v. Chr. – wurden die Völkerschaften an der oberen und mittleren Donau im Übergang von der Bronze- zur Eisenzeit in jenen Kulturkreis mit einbezogen, der nach dem oberösterreichischen Hallstatt benannt wurde. Träger und Übermittler der Hallstattkultur waren die indoeuropäischen Illyrer, deren Siedlungsgebiet von Drau und Save bis zur bayerischen Donau reichte.

Im Übergang vom 5. ins 4. vorchristliche Jahrhundert kamen die Kelten über die obere Mosel und den oberen Rhein an die Donau, wo sie die Urbevölkerung assimilierten. Die Kelten leiteten durch die Verwendung des Eisens als Arbeitsgerät und als Waffe eine der bedeutsamsten wirtschaftlichen Revolutionen der Geschichte Europas ein. Das machte sie allen anderen Völkerschaften und Stämmen überlegen, die sie auch der Donau entlang Zug um Zug bis zum Schwarzen Meer unterwarfen. Sie bereiteten für das nichtmediterrane Europa den Übergang von der prähistorischen in die geschichtliche Zeit vor. Ihre Epoche wird nach dem keltischen Fundort in der Schweiz als La-Tène-Kultur bezeichnet.

Funde entlang der Donau brachten den Beweis, daß die Kelten mit Booten donauabwärts gezogen waren. In Ungarn hat man jetzt an der Donau Überreste einer keltischen Eisenschmelzanlage freigelegt. Da es in dieser Gegend kein Eisenerz gab, muß man annehmen, daß das Erz aus dem heutigen Österreich über die Donau nach Ungarn transportiert wurde.

Die Kelten – ein Volk von Völkern, das nur durch die gemeinsame Sprache verbunden war – müssen hervorragende Praktiker gewesen sein; sie waren großartige Handwerker, entwickelten eine fast industrielle Eisenerzeugung (so etwa auf dem Michelsberg bei Kelheim) und beherrschten den Fernhandel bis zur Ägäis. Wenig Interesse hingegen zeigten sie für den organisatorischen Zusammenschluß, der nach ihren Eroberungen erstmals die Möglichkeit zur Schaffung einer europäischen Einheit gegeben hätte.

Wie die meisten Städte an der Donau verdankt auch Regensburg sein Entstehen den Kelten, die von hier aus die Donau in ihren Besitz nahmen. Die Siedlung hieß Radaspona, später, um 150 n. Chr., wurde daraus die Römerfestung Castra Regina. Im altbayerischen Herzogtum wird Regensburg die erste bayerische Hauptstadt, dann freie Reichsstadt und schließlich von 1663 bis 1806 Sitz des Immerwährenden Reichstages und damit so etwas wie die heimliche Hauptstadt des Heiligen Römischen Reiches Deutscher Nation. In Regensburg fanden viele bedeutende Reichstage statt, so auch jener vom 8. September 1156, an dem der Babenberger Heinrich Jasomirgott feierlich auf Bayern verzichtete und dafür das neugeschaffene Herzogtum Österreich erhielt. Das ist die Geburtsstunde der Selbständigkeit Österreichs, die schließlich zum Donaureich der Habsburger führt. Für Bayern war aber auch der Reichstag vom Juni/Juli 1180 von schicksalhafter Bedeutung: damals wurden die Wittelsbacher von Friedrich Barbarossa mit Bayern belehnt.

Um 1230 entzog sich Regensburg der bayerisch-herzoglichen Bevormundung und wurde die einzige freie Reichsstadt in Altbayern. Die politische Unabhängigkeit und die Lage an der Donau sicherten der mittelalterlichen Stadt Wohlstand und Reichtum. Regensburg war von seinen Anfängen an donauorientiert und damit dem Südosten Europas verbunden wie keine andere deutsche Stadt. Im Handel mit dem Byzantinischen Reich war Regensburg seit dem 9. Jahrhundert der wichtigste Stapel- und Umschlagplatz für das ganze Reich und auch der Weg der jüdischen Händler, der Kalifen von Córdoba, führte nach Regensburg, ehe sie über Prag und Breslau in die heidnischen Slawen(sprich: Sklaven-)länder weiterzogen.

«Dieses bunte Leben», so Benno Hubensteiner, «färbte auf die ganze bayerische Kulturentwicklung ab. Regensburger Goldschmiede verstanden das Geheimnis des byzantinischen Zellenschmelzes nachzubilden, und mit den Werken der Buchmalerschule von St. Emmeram wird der byzantinische Einfluß auch noch uns Heutigen greifbar ... Gerade im Kleinwerk der Kulturgeschichte wird man dutzendweise die Zeugnisse dafür finden, wie immer wieder Byzantinisches die Donau heraufgetrieben wurde.»

In Regensburg fühlten sich die ausländischen Händler, Schiffer und Reisenden aus Ost und West und Nord und Süd nicht fremd. Es war eine weltoffene Stadt und ist es bis heute geblieben.

Im Zeitalter der Industrialisierung geriet Regensburg, wie viele andere Donaustädte, in den Schatten der wirtschaftlichen Entwicklung. Ein Ausweg zeichnet sich erst in unserer Zeit ab. Im Osten der Stadt ist ein neuer Großhafen entstanden. Er wird nach seiner vollen Inbetriebnahme nicht mehr der Donauschiffahrt allein dienen. Vom

Regensburg, die älteste Stadt an der deutschen Donau mit der berühmten mittelalterlichen Steinbrücke (Anfang 19. Jh.).

Westen her bahnen Bagger einer neuen Schiffahrtsstraße den Weg, der die Donau über den Main mit dem Rhein verbinden wird. Die Donau wird als Strom neue Dimensionen erhalten; sie wird zur modernen Wasserstraße werden, die durch ganz Europa führt und den Atlantik dem Schwarzen Meer nahebringt.

Die Donau wird noch stärker als bisher eine Brückenfunktion übernehmen: wirtschaftlich, kulturell und – so bleibt zu hoffen – auch politisch. An der Donau kamen nach dem Zweiten Weltkrieg die verfeindeten europäischen Völker trotz «Kaltem Krieg» und politisch-militärischer Blockbildung wieder miteinander ins Gespräch. In Belgrad wurde wenige Jahre nach dem Krieg die «Donaukommission» neu gegründet, die durch die «Belgrader Konvention» von 1948 allen Uferstaaten Schiffahrtsfreiheit garantierte. Damals sicherte sich die Sowjetunion auch freie Schiffahrt bis nach Regensburg, und nun zerbrechen sich manche Staatsrechtler bereits den Kopf, ob die Internationalität der Donau auch für den Rhein-Main-Donau-Kanal Gültigkeit haben sollte. Sollte sie es?

In Wien wurde 1955 der österreichische Staatsvertrag von allen vier alliierten Mächten unterzeichnet. Er brachte Österreich die staatliche Unabhängigkeit. Die Bemühungen um eine Entspannung in Europa haben an der Donau begonnen.

Die Bayern an der Donau

Gegen Ende des 18. Jahrhunderts wollte der römisch-deutsche Kaiser Joseph II. das Kurfürstentum Bayern mit der habsburgischen Donaumonarchie vereinigen. Sein Angebot an den rheinischen Wittelsbacher Karl Theodor, der sein geliebtes Mannheim nur ungern verlassen hatte, um in München als Kurfürst zu regieren, war auf einen einfachen Nenner zu bringen: Bayern gegen die österreichischen Niederlande an Schelde und Rhein, das heutige Belgien.

«Das Angebot», so der Historiker Carl Amery, «hatte alle Kennzeichen des erfolgreichen diplomatischen Geschäftes – eines Geschäftes, das für beide Seiten nur Vorteile brachte. In einem Zeitalter, in dem Fürsten über ihre Länder wie über Waren disponierten, konnte man den emotionalen oder nationalen Aspekt ruhig vergessen. Dieser Aspekt wurde erst von einer späteren Geschichtsschreibung dem josephinischen Handel umgehängt.»

Karl Theodor hätte ein reiches Industrieland gegen einen Agrarstaat bekommen und Österreich seine Position im Reich gestärkt und seine Westgrenze bis an die Donau-Lech-Linie vorschieben können. Dieser Absicht schob der Preußenkönig Friedrich der Große durch die Gründung eines Fürstenbundes einen Riegel vor: Die deutschen Fürsten verpflichteten sich dadurch, in Deutschland keine Gebiets- und Machtveränderungen zu dulden. Joseph II. mußte angesichts der damit verbundenen militärischen Drohung auf seine Idee verzichten, die zweifellos die Position Österreichs im Reich gestärkt hätte, ohne daß damit seine gewichtige Stellung im Donauraum vermindert worden wäre. Um Österreich zu schwächen, «was vielleicht im Interesse des preußischen Teilstaates, nicht aber dem Deutschlands lag» (Prinz zu Löwenstein), hat der Preußenkönig Friedrich II. auch die enge Bindung der österreichischen Niederlande – sie sollten unter den Wittelsbachern zum «Königreich Burgund» erhoben werden – an das römisch-deutsche Reich verhindert.

Die historische und kulturelle Zugehörigkeit Bayerns zum Donauraum, die durch die Einbeziehung in die habsburgische Monarchie auch politisch vollzogen werden sollte, reicht bis zu den Anfängen der bayerischen Staatsgründung zurück. Wir wissen bis heute nicht, woher die Bayern oder Baiern wirklich kamen. Lange Zeit galten sie für die Wissenschaft als Nachkommen der germanischen Markomannen, die in Böhmen siedelten und deren völkische Reste von späteren Geschichtsschreibern als Bojer bezeichnet wurden. Heute ist diese Annahme nicht mehr unbestritten.

Manche Forscher halten auch eine Einwanderung der Bayern aus dem pannonischen Raum und den Karpaten – also dem mittleren und unteren Donauraum – für denkbar, wo sie sich im 4. und 5. Jahrhundert aus verschiedenen germanischen, sarmatischen und hunnischen Volksgruppen gebildet haben könnten. Einer anderen Hypothese nach lag die Urheimat der Bayern gar im Mündungsgebiet der Donau, doch ebensowenig wird die Volkwerdung der Bayern durch eine Verschmelzung zwischen den aus Böhmen einwandernden germanischen Reststämmen und der bodenständigen keltisch-romanischen Bevölkerung ausgeschlossen. Wahrscheinlich ist, daß die Bayern ein Volk von Völkern waren und daß sie nicht in einer einzigen großen Wanderung gekommen sind, sondern – wie Benno Hubensteiner vermutet – in mehreren Schüben, so daß sie wohl erst zwischen Donau und Alpen zum eigentlichen Stamm zusammengewachsen sind. Die Bayern stammen nicht von den Germanen allein ab, wie die meisten anderen deutschen Stämme, und so ist es auch nicht verwunderlich, daß sich das bayerische Volkstum doch recht deutlich von jenem der anderen Deutschen unterscheidet. Wenngleich sich die Bayern deswegen noch lange nicht als schlechtere Deutsche fühlen, ganz im Gegenteil; nur eben anders.

Noch fehlen die schlüssigen archäologischen Beweise, die den Weg der Bayern durch die dunklen Jahrhunderte der Völkerwanderung exakt zurückverfolgen lassen. Als historisch gesichert kann angenommen werden, daß sie sich nach dem Abzug der Römer an Donau, Isar, Inn und Traun in den fruchtbaren Gegenden niederließen, wo sie sich allmählich in einem Stammesherzogtum zusammenschlossen. Die Bayern waren vorwiegend Bauern; Handwerk und Gewerbe waren bei ihnen kaum entwickelt.

Aus dem bayerischen Kernraum zwischen Regensburg, Augsburg, Salzburg und Linz erfolgte im 6. Jahrhundert die Landnahme im heutigen Land Tirol. Planmäßig schoben sich die bayerischen Kolonisten in die Alpentäler vor und erreichten um 580 bereits die Gegend von Bozen. Ein Vordringen gegen Südosten und Osten verwehrten ihnen zunächst die Awaren und Slawen, die seit dem Abzug der Langobarden nach Italien (568) weite Teile Niederösterreichs, des Burgenlandes, der Steiermark und Kärntens bevölkerten.

Im Süden ihres Einflußgebietes lebten die Bayern in gutem Einvernehmen mit den Langobarden, deren Reich sich bis nach Trient erstreckte. Etwa zur gleichen Zeit richteten auch die fränkischen Könige, die ihr Reich vom Westen her gegen die Donau vorschoben, ihr Interesse auf das Gebiet zwischen dem Böhmerwald und den Alpen.

Die überragende und zugleich auch tragischste Figur in diesem ersten bayerischen Stammesherzogtum der Agilolfinger war Herzog Tassilo III. (um 741–794). Unter seiner Herrschaft erstarkte die herzogliche Gewalt, wurden zahlreiche Klöster gegründet, und das Land erlebte eine wirtschaftliche und kulturelle Blütezeit. Bischof Arbeo von Freising – er kann als der erste bayerische Schriftsteller angesehen werden – schrieb in einer Heiligenlegende über Bayern: «Herrlichstes Land, erstrahlend in Anmut, überreich an Wäldern, mit Wein gar wohl versehen. Eisen besaß es in Fülle, im Überfluß, Gold, Silber und Purpur; die Männer hochgewachsen und strotzend in Kraft, es herrschten Nächstenliebe und Menschlichkeit. Das Erdreich gesegnet mit Garben, Zugvieh und Herden, so viel, daß sie fast den Boden bedecken. Honig und Bienen gab es wirklich in riesiger Menge, in Seen und Flüssen auch zahlreiche Fische. Das Land war bewässert durch Quellen und Bäche, und besaß an Salz, was es brauchte. Die Hauptstadt Regensburg war uneinnehmbar, aus Quadern erbaut, ausgestattet mit ragenden Türmen und Brunnen; auch das Bergland fruchtbar und für die Weide bereitet; die Wälder prachtvoll besetzt mit Hirschen und Elchen und Auerochsen, mit Gemsen und Steinböcken und mit Wildzeug aller Art.»

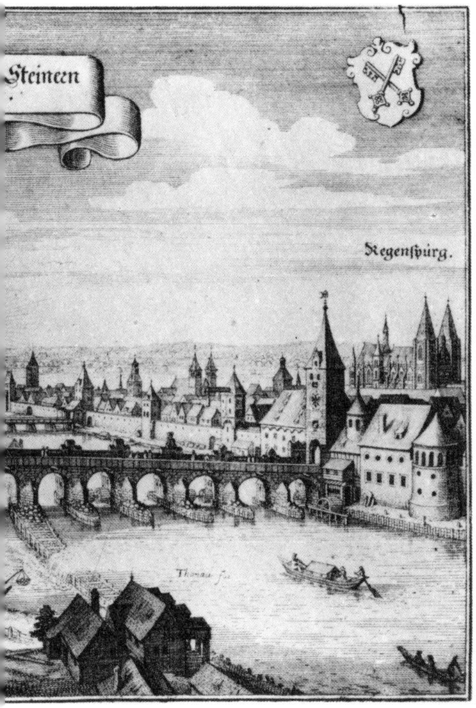

Untrennbar mit der Geschichte Bayerns und Deutschlands verbunden: Regensburg, die erste Hauptstadt Bayerns, dann freie Reichsstadt und von 1662 bis 1806 Sitz des immerwährenden deutschen Reichstags. Kupferstich von Matthäus Merian.

Tassilos Schicksal und die Zukunft seines Herzogtums wurden durch Karl den Großen entschieden. Er zwang den Bayernherzog in die Lehensabhängigkeit, beraubte ihn durch einen Sieg über die Langobarden seines politischen und militärischen Rückhaltes und ließ ihn schließlich wegen Hochverrat (Bündnis mit den Awaren) anklagen, zum Tode verurteilen und lebenslänglich in ein Kloster einweisen. Am 6. Juli 788 wird der sechsundvierzigjährige Tassilo im Kloster St. Goar zum Mönch geschoren. Bayern gerät unter die Herrschaft der fränkischen Karolinger.

In der Person Tassilos verkörperte sich erstmals jener unbändige bayerische Drang nach Unabhängigkeit, von der Ludwig Schrott einmal sagte, daß «er nicht Flucht vor großen gemeinverbindlichen Aufgaben» bedeute, sondern den Wunsch, «sich in Freiheit daran zu beteiligen». «Tassilo», so Schrott, «ist hier ebenso ein Urbild späterer Herrscher unseres Landes wie in seiner Frömmigkeit, seinem Kulturwillen, seiner etwas bäuerlichen Auffassung von Besitz und Regiment und – leider – auch in einer gewissen politischen Unbeweglichkeit.»

Nach der Absetzung Tassilos wird das alte Stammesherzogtum eine fränkische Provinz und die altbayerische Kultur allmählich von der «Karolingischen Renaissance» des Frankenreiches erfaßt. Gericht und Verwaltung werden fränkisch, Adel und Kirche zu getreuen Parteigängern des Frankenkönigs. Bayern wird für Karl den Großen die Ausgangsbasis seiner Feldzüge gegen die Awaren. Von Regensburg aus schiebt sich sein Heerbann gegen Osten und Südosten. 796 wird der Hauptring (Befestigungsanlage) der Awaren in Ungarn erstürmt

Seite 25, oben:
Die Donau bei Tuttlingen: Ein lieblicher deutscher Fluß wie viele andere auch.

Seite 25, unten:
Bei Möhringen entsteht mit der Mündung des Krähenbachs die «neue Donau».

Seite 26:
Das romantische Stammschloß der katholischen Fürsten von Hohenzollern-Sigmaringen im alten Donaustädtchen Sigmaringen ist heute als Museum zugänglich. Das Geschlecht der Hohenzollern-Sigmaringen ist mehr mit dem Donauraum als mit Preußen verbunden: Zwei rumänische Könige stammten aus dem Haus Hohenzollern-Sigmaringen.

Seite 27, oben:
Detail aus der Stilvielfalt des Schlosses, das seine heutige romantisierende Form im 18. und 19. Jahrhundert erhielt.

Seite 27, unten:
Das schöne Städtchen Sigmaringen mit alten Fachwerkhäusern träumt auch heute noch immer ein wenig respektvoll im Schatten des mächtigen Fürstenschlosses.

Seite 28:
Ulm, alte Reichsstadt an der Donau. Schiffahrt und Handel sicherten der Stadt im Mittelalter Wohlstand und Reichtum. Von hier aus war die Donau mit Flößen und Ruderbooten («Ulmer Schachteln») schiffbar. Links das Münster, einer der bedeutendsten Sakralbauten Europas.

Seite 29, oben:
In den letzten Kriegstagen wurde Ulm durch Bombenangriffe bis zu 73 Prozent zerstört. In der wiederaufgebauten Stadt sind altstädtische Idyllen wie diese selten geworden.

Seite 29, unten:
Auf Gundremminger Boden (Kreis Günzburg) steht das – geographisch – erste Atomkraftwerk an der Donau. 1966 in Betrieb genommen, wird es seit 1976 erweitert. Im Vordergrund die Kirche von Peterswörth.

Seite 30, oben:
Kraftvoll bahnt sich die Donau zwischen Weltenburg und Kelheim ihren Weg durch die Fränkische Alb. Der Donaudurchbruch gilt als die romantischste Strecke an der deutschen Donau.

Seite 30, unten:
Klassischer Kuppelrundbau hoch über der Donau auf dem Michaelsberg in Kelheim: Die 1842 bis 1863 zur Erinnerung an die Befreiungskriege von König Ludwig I. errichtete Befreiungshalle bei Kelheim.

Seite 31, oben:
Benediktinerkloster Weltenburg am Donaudurchbruch, das als Abtei schon seit dem 7. Jahrhundert besteht. Die heutigen Klostergebäude entstanden zu Beginn des 18. Jahrhunderts, ebenso die prachtvolle Kirche St. Georg und St. Martin, die C. D. Asam schuf. Sie ist eine der schönsten Barockkirchen in Deutschland.

Seite 31, unten:
Stille über dem Fluß, der einige Kilometer stromabwärts durch die Einbindung des Rhein-Main-Donau-Kanals zur größten Wasserstraße Europas werden wird.

Seite 32:
Herbststimmung an der Donau bei Regensburg.

und die Awarengefahr für immer beseitigt. Der fränkische Reichsimperialismus dehnt seine Grenzen über die Ostalpen bis in die pannonische Ebene und bis zur Adria aus.

Unter Ludwig dem Deutschen, er nannte sich selber «König der Bayern», wurde Bayern zum Kernland des ostfränkischen Reiches und der Herzogshof in Regensburg zur neuen Königspfalz. Allmählich erfolgte die volle Eingliederung Bayerns in das Frankenreich. 948 setzte Kaiser Otto I. seinen Bruder Heinrich (I.) als Herzog in Bayern ein; unter seiner Herrschaft erreichte Bayern seine größte territoriale Ausdehnung, als die Markgrafschaften Istrien, Aquilea, Verona und Trient dem Herzogtum angegliedert wurden.

Im Jahre 1180 erhob Kaiser Friedrich Barbarossa Bayern zum erblichen Herzogtum der Wittelsbacher. Der Pfalzgraf Otto von Wittelsbach wurde zum Stammherrn eines Geschlechts, das erst durch die Revolution von 1918 seine Herrscherwürde verlor. Bayern wurde voll in die deutsche Reichsgeschichte integriert und stellte mit Ludwig dem Bayern von 1314 bis 1347 auch einen römisch-deutschen Kaiser aus dem Haus Wittelsbach. Dennoch blieb das Land immer ein wenig im Schatten jenes Großreiches an der Donau, das sich unter den Habsburgern aus der einstigen bayerischen Ostmark entwickelt hat. In fast allen bayerischen Geschichtsbüchern klingt bis heute noch ein bißchen Wehmut über das verlorene Land zwischen Passau und Wien nach. Und das nicht von ungefähr, denn «schon von allem Anfang ist die Donau Schwerlinie des Landes. Lech, Isar, Inn, Enns von Süden, Altmühl, Naab und Regen von Norden – die Flüsse alle eilen ihr zu. Die Donau sammelt die Kraft des Landes und weist den Bayern den Weg, denn die Flüsse sind es, denen die Völker folgen» (Benno Hubensteiner). Es ist auch bestimmt kein Zufall, daß Bayern und hier vor allem München mit Geist und Kultur Südosteuropas enger und inniger verbunden ist als alle anderen deutschen Länder. In Bayern kreuzen sich seit altersher die Kultureinwirkungen der lateinischen und griechischen Welt.

Unweit von Regensburg liegt auf einem der nördlichen Uferberge des Stromes Deutschlands berühmt-kitschige und doch wiederum recht liebenswert romantische Ruhmeshalle: die Walhalla. Ein Marmortempel nach griechischem Vorbild «für die bedeutendsten Männer und Frauen der deutschen Stämme». Gestiftet 1830 von König Ludwig I. von Bayern, dem ältesten Sohn König Maximilian IV. Josephs, der während der Napoleonischen Kriege auf seiten Frankreichs gegen Österreich und Preußen kämpfte. Unter König Ludwig entwickelte sich Bayern vom reinen Bauernland zu einem Agrarindustriestaat und erlebte eine kulturelle Hochblüte. Der König förderte persönlich Literatur, Kunst und Wissenschaft und galt in seinen jungen Jahren als schwärmerisch liberal und freisinnig. Er trat für eine liberale Verfassung ein und unterstützte den griechischen Freiheitskampf gegen die Türken. Nicht ganz ohne dynastische Nebenabsichten: sein zweiter Sohn wurde nach der Befreiung des Landes der erste König der Griechen.

Ludwig verlegte die alte Landesuniversität von Landshut nach München und sagte über die Freiheit der Wissenschaft: «Es ist meine lebendigste, tiefste Überzeugung, daß hier jeder Zwang, jede Zensur, auch die billigste, verderblich wirkt.» Als 1830 revoltierende Studenten die Abschaffung der Monarchie verlangten, rückte der König rasch von seinen liberalen Ideen ab: «Der König befiehlt und läßt sich nicht vorschreiben, was er tun und lassen soll.» Die Zensur wird wieder eingeführt, oppositionelle Abgeordnete werden vom Landtag ausgeschlossen.

Im Revolutionsjahr 1848 kam der König nicht so sehr aus politischen denn aus persönlichen Gründen zu Fall: Seine demonstrativ gegen die öffentliche Meinung zur Schau gestellte Liaison mit einer Hoftheater-Tänzerin, die sich Señora Maria de los Dolores Porris y Montez nannte, in Wirklichkeit aber eine Irin namens Elisa Gilbert war, zwang Ludwig zum Rücktritt. Er verzichtete zugunsten seines Sohnes Maximilian II. auf den Thron und zog sich ins Privatleben zurück.

In seiner berühmt gewordenen Abdankungserklärung heißt es u. a.: «Treu der Verfassung regierte ich, dem Wohl Meines Volkes war Mein Leben geweiht; als wenn ich eines Freistaats Beamter gewesen, so gewissenhaft ging ich mit dem Staatsgut um. Ich kann jedem offen in die Augen sehen. Und Meinen tiefgefühlten Dank allen, die Mir anhingen. Auch vom Throne herabgestiegen, schlägt glühend Mein Herz für Bayern, für Teutschland.»

In seiner Abdankungsurkunde reflektiert sich die Zwiespältigkeit seiner Persönlichkeit, sein unumschränktes Herrschertum ebenso wie sein nationalromantisches Pathos. Ludwigs historisches Verdienst ist zweifellos der Ausbau Münchens zur großen deutschen Kunstmetropole, die – nach Nadlers Wort – «ein Kulturgebilde von so runder Vollkommenheit war, wie sie die Deutschen nur wenige erlebten». Und Ludwig Schrott meint nicht zu unrecht: «Andere Völker oder Stämme Deutschlands blicken zu Herrschern auf, deren Größe an den Schlachten zu messen ist, die sie gewonnen haben. Der größte König Bayerns war kein Feldherr und hat als Siegesdaten nur die Vollendungsjahre seiner Bauten aufzuweisen.» Daß Ludwig seine grandiosen Baupläne praktisch unkontrolliert verwirklichen konnte, verdankte er nicht zuletzt jenem Mann, an dessen Sturz er selbst sehr aktiv mitgewirkt hatte: dem großen bayerischen Staatsmann Maximilian Joseph Montgelas.

Montgelas, aus einer angesehenen savoyischen Familie stammend, war der einflußreichste politische Berater des bayerischen Herzogs und späteren Königs von Bayern, Maximilian IV. Joseph. Als Außenminister hat er in den Napoleonischen Kriegen zwischen Österreich und Frankreich zu entscheiden. Montgelas, ein verstandeskühler Aufklärer, der den Habsburgerkaiser Joseph II. ebenso bewunderte wie Napoleon, entschied für Frankreich. Zum Wohle Bayerns, das damals durch gewaltigen Gebietszuwachs seine heutige Gestalt erhielt. Das Bündnis mit Napoleon haben ihm später deutschnationale Geschichtsschreiber übelgenommen und ihn des Verrates der «deutschen Sache» geziehen. Daß es Montgelas mit diplomatischem Fingerspitzengefühl gelungen war, sich im richtigen Augenblick mit Österreich und Preußen wieder zu verständigen und dadurch den neuen Besitzstand Bayerns über den Wiener Kongreß (1815) hinaus zu retten, wird nur am Rande vermerkt.

Als Innenminister, der er in Personalunion auch war, setzte er jene staatspolitischen Reformen in Gang, die zur Modernisierung der bayerischen Verwaltung und zur Stärkung der Staatsgewalt führten. Er integrierte die neu erworbenen Länder und Ländchen, Städte und Städtchen durch einen straffen Zentralismus ohne Rücksicht auf ständische und kirchliche Vorrechte. In der von Montgelas konzipierten Verfassung von 1808 sollten die alten Privilegien von Kirche, Adel und Gemeinden außer Kraft gesetzt und die Gleichheit aller vor dem Gesetz, die Sicherheit von Person und Eigentum, die Unabhängigkeit der Rechtsprechung, Gewissensfreiheit und Pressefreiheit garantiert werden. Die ruppige Durchführung der Reformen, besonders aber die Konfiskation des Kirchenvermögens und die Auflösung von Klöstern haben Montgelas viele Feinde im eigenen Land eingebracht – und herbe Schelte durch die katholisch-bayerische Geschichtsschreibung.

Montgelas wird 1817 auf Betreiben des Kronprinzen Ludwig und starker katholischer Kräfte entlassen. Im selben Jahr kommt ein Konkordat zwischen dem Königreich Bayern und dem Vatikan zustande, das der Kirche wieder alte Privilegien zugesteht und den Aufbau einer eigenen Landeskirche ermöglicht. Bayern wird in seiner Staatspolitik wieder katholisch.

Geblieben ist bis auf den heutigen Tag die von Montgelas geschaffene Staatsverwaltung, die eine wichtige Klammer zwischen Altbayern und den neuerworbenen Gebieten darstellte. Montgelas hat aber ein neues Beamtentum geschaffen, das seitdem in Bayern nicht nur verwaltet, sondern auch regiert. Bayern ist ein Staat, in dem von den Beamten eine klare politische Zuordnung verlangt wird und in dem die meisten Politiker aus dieser Beamtenschaft stammen.

West-östliche «Straße»

Die Donau war schon zur Römerzeit und im frühen Mittelalter ein wichtiger Verkehrsweg. Den Römern diente die Schiffahrt der Versorgung ihrer militärischen Stützpunkte am Strom, der über Jahrhunderte die Nordgrenze des römischen Imperiums bildete. Hier waren auch starke militärische Flotteneinheiten stationiert, die den gesamten Donauverkehr kontrollierten. Die wichtigsten Handelsplätze waren Straubing für den Übergang nach Böhmen, Carnuntum bei Wien, wo die «Bernsteinstraße» die Donau kreuzte, und Budapest, als Tor zum «Barbarenland» in den nördlichen Kapaten.

Der Donauraum war für das römische Weltreich ein wichtiger Rohstofflieferant – und er ist dies für das industrialisierte Europa bis tief ins 20. Jahrhundert hinein geblieben. An der Donau lebten vorwiegend Bauern und Hirten. Der Getreideanbau war an der unteren Donau weit verbreitet. Als Alexander der Große von Mazedonien gegen die Skythen zog, mußten sich seine Soldaten mit Speeren den Weg durch die hohen Getreidefelder in der heutigen rumänischen Donauebene bahnen. Aus dem Donauraum kamen aber auch Lebendvieh, Häute, Leder, Pelze, Honig, Wachs – und Knoblauch bis nach Italien. Die römische Reichsgrenze im Norden war eine Knoblauch- und Weingrenze; die «Barbaren» jenseits des Rheins, des Limes und der Donau kannten beides nicht. Gold, Silber und Holz kamen aus den Karpaten. Als Kaiser Trajan die dort lebenden Daker besiegte, fielen ihm rund hundertfünfundsechzig Tonnen Gold und über dreihundert Tonnen Silber in die Hände. Er befreite daraufhin alle römischen Bürger ein Jahr lang von ihren Steuern. Ein begehrtes Handelsgut aus den slawischen Ländern waren Sklaven, vor allem junge Mädchen.

Auf der Donau wurden Eisenerze, Schafwolle oder Hanf zur Verarbeitung in die römischen Militärlager und Zivilstädte gebracht; so das Eisenerz aus der Steiermark über Enns und Donau bis nach Carnuntum.

Der Donauraum bildete in römischer Zeit erstmals ein geschlossenes Wirtschaftsgebiet. Die Verwaltung war von der Quelle bis zur Mündung einheitlich. Maße und Gewichte waren überall gleich, und es gab auch eine gemeinsame Währung. Für die Sicherheit der Handelswege sorgte das Militär. Die zahlreichen römischen Kastelle, Lager und Städte bildeten auch einen gemeinsamen Kulturraum, der von Ulm bis zur Mündung reichte. Hohe Offiziere und Verwaltungsbeamte ließen sich von einheimischen Handwerkern Schmuck, Glas, Keramik und andere Kunstgegenstände nach ihrem Geschmack herstellen. So entstand eine spezifisch donauländisch-römische Kultur, die von der ethnischen Zugehörigkeit der einzelnen Donauvölker unabhängig war.

Die Römer bauten entlang der Donau Brücken und Hafenanlagen. Es gab zahlreiche Holz- und Schiffsbrücken – den Pontonbrücken von heute vergleichbar – und zwei große Steinbrücken, deren Reste erst in unserer Zeit entdeckt wurden: die eine lag in der Nähe der rumänischen Donaustadt Drobeta Turnu Severin, die andere in der Nähe der Isker (Bulgarien). Die Gesamtlänge der Brücke von Turnu Severin betrug mehr als einen Kilometer. Wo es notwendig war, legten römische Soldaten an der Donau auch Kunststraßen an. Die berühmteste und technisch anspruchsvollste war die Straße durch die Bergwildnis des «Eisernen Tores», die zum Teil auf freischwebenden Holzbalken errichtet wurde. Sie diente dem Aufmarsch Kaiser Trajans gegen den Dakerkönig Dezebal.

Günzburg an der Donau um 1826. Die Stadt war schwäbisch, badisch und habsburgisch; seit 1802 ist sie bayerisch.

Die Verkehrsdichte auf der römischen Donau war größer als jene der Donauschiffahrt im 19. Jahrhundert. Im bayerischen Günzburg lagen genügend Schiffe, um jederzeit dreitausend Soldaten die Donau flußabwärts transportieren zu können. Unter Kaiser Justinian wurden etwa zehntausend Mann in sechs bis acht Tagen von Ulm bis Wien befördert. Von Wien bis Bonnonia, dem bulgarischen Widin, benötigten sie wegen der Stromschnellen im «Eisernen Tor» zwölf bis vierzehn Tage. Manche der römischen Kriegsschiffe waren über dreißig Meter lang, fünf Meter breit und hatten einen Tiefgang von einem Meter. In den weiten Aulandschaften an der mittleren und unteren Donau wurden auch hochbordige Schnellsegler eingesetzt.

Nach dem Abzug der Römer von der Donau und dem damit verbundenen Zerfall der staatlichen Ordnung blieb der Strom als ordnender Faktor wirksam. Er stellte die bescheidene wirtschaftliche Klammer zwischen den Donauvölkern dar. Die Donau diente der Nahversorgung; auf dem Wasser waren die Händler vor Dieben und Räuberbanden relativ sicher. Im 6. Jahrhundert bauten die Langobarden ihren Handel bereits wieder bis zu den Gepiden aus, die damals an der unteren Donau saßen. Sie tauschten landwirtschaftliche Produkte gegen Schmuck und Kunstgegenstände.

Mitte des 6. Jahrhunderts kamen die Awaren an die Donau. Ihr erstes Siedlungsgebiet lag im Mündungsbereich der Theiß. Und mit ihnen kamen die Slawen. Von der unteren Donau schob der junge und kräftige Bulgarenstaat seine Wirtschafts- und Militärmacht gegen den Westen vor. Mit der Gründung des Ersten Bulgarischen Reiches im Jahre 681 trat erstmals seit dem Abzug der Römer an der Donau wieder eine gewisse politische und wirtschaftliche Stabilisierung ein.

Die wirtschaftliche Bedeutung der Donau dürfte für dieses erste Großreich jedoch gering gewesen sein.

Im frühen Mittelalter waren der Donauhandel und der Schiffsverkehr eine Domäne der Deutschen. Der Strom wurde von Ulm aus mit Ruderschiffen und Flößen befahren. Bei den Kreuzzügen war die Donau kilometerlang mit Schiffen und Booten bedeckt. Kaiser Friedrich Barbarossa fuhr über die Donau nach dem Orient, und die Sage erzählt, daß ihm bei der Durchfahrt durch den berüchtigten Greiner Strudel von «Donaugeistern» sein nahes Ende angekündigt wurde. Über die Donau eilten Tiroler und schwäbische Ritter ihrem König, dem Habsburger Rudolf, für seinen Kampf gegen den Böhmenkönig Ottokar zu Hilfe.

Einen wichtigen Hinweis auf den regen mittelalterlichen Donauverkehr gibt die Raffelstettener Zollordnung aus dem Jahre 900. Damals erließ Markgraf Aribo im Auftrag von König Ludwig dem Kinde eine bis ins Detail gehende Zollordnung für den Schiffsverkehr auf der Donau und entlang des Stromes. Raffelstetten war ein Ort zwischen Zwieselau und Enns.

Das wichtigste Handelsgut war Salz. Salzschiffe aus Passau durften erst in Pöchlarn anlegen. Je Schiff normaler Größe, das mit drei Personen besetzt war, mußten drei Scheffel Salz als Zoll entrichtet werden. Das gleiche in Mautern oder wo sonst immer gerade ein Salzmarkt war. Von der mittleren und unteren Donau und aus den Slawengebieten wurden Pferde, Honig, Wachs und Sklaven über die Donau nach dem Westen und dem Süden gebracht, Sklaven sogar bis nach Spanien. An der bayerischen und österreichischen Donau waren die Händler und fahrenden Kaufleute Bayern, Slawen und italienische Juden; am Unterlauf dominierten Griechen, Armenier und Juden.

Karl der Große benützte die Donau bei seinen Feldzügen gegen die Awaren als Nachschubweg. Er versuchte als erster, das mächtige und rohstoffreiche Donaugebiet durch einen Kanal mit dem damals schon stärker «industrialisierten» Rhein zu verbinden. Die Überreste dieser Forssa Carolina sind heute noch erkennbar.

Im 11. und 12. Jahrhundert lag der Donauhandel überwiegend in den Händen von Regensburger Kaufleuten. Sie waren mit fürstlichen und königlichen Privilegien ausgestattet und hatten entlang der Donau ihre Niederlassungen. Auch in Wien, das «zu einem bedeutenden Umschlagplatz zwischen dem agrarischen Osten und dem gewerbefreudigen Westen einerseits, zwischen dem etesischen Mittelmeerraum und dem kontinentalen Binneneuropa andererseits» (Ferdinand Tremel) wurde. Die gotischen Paläste in der Altstadt von Regensburg erinnern noch heute an den Reichtum und die Kultur der frühen deutschen Handelsherren.

Der Transport auf der Donau und ihren Nebenflüssen war schneller, bequemer, billiger und vor allem sicherer als auf dem Landweg. Es

Ehemalige Reichsstadt Ulm zu Beginn des 19. Jahrhunderts. Von hier aus ist die Donau seit der Römerzeit schiffbar. Der heute für Ulm typische Turm des Münsters wurde erst zwischen 1845 und 1890 vollendet.

gab fast keine Brücken. Sie waren auf weiten Streckenabschnitten auch kaum notwendig. Die Donau vor dem Beginn der planmäßigen Regulierungsarbeiten im 18. Jahrhundert durch Maria Theresia ist nicht mit dem Strom von heute zu vergleichen. Es gab keine regulierte Fahrrinne. Der Strom war viel breiter und seichter und konnte bei normalem Wasserstand ohne Gefahr durchfurtet werden; in Rumänien erinnert noch heute ein kleiner Ort an eine Schaffurt. Im Winter war er im mittleren und unteren Streckenabschnitt oft monatelang zugefroren. Wo ein Durchfurten nicht möglich war, gab es Überfuhren mit Fähren; so etwa in Urfahr an der Donau.

Ab dem 13. Jahrhundert begann die Schiffahrt auf der Donau zu verkümmern, um schließlich im 15. und 16. Jahrhundert nur noch lokale Bedeutung zu haben. Die Ursachen waren zum einen der Aufstieg der Republik Venedig zur «Königin der Meere», die zunehmend den Orienthandel beherrschte, und zum andern das Vordringen der Türken, die schon im 13. Jahrhundert den Zugang zum Schwarzen Meer, zur Ägäis und in die Levante abriegelten. Die Donauschiffahrt mußte sich auf den oberen Lauf beschränken.

Vidin (Widin), eine der wichtigsten türkischen Festungen in Bulgarien, vom rumänischen Ufer aus gesehen (um 1810). Bulgarien ist der älteste Donaustaat; er wurde 681 gegründet.

Die Türken waren nicht wie ihre finnisch-ugrischen Vorgänger, die Hunnen, Awaren, Bulgaren und Ungarn, aus den Steppen Südrußlands an die Donau gekommen, sondern über die Meerenge des Bosporus. Sie kamen nicht als Landnehmer, sondern als politisch-religiöse, imperialistische Eroberer. Ihr Weg nach Europa war durch die Donau geopolitisch vorgezeichnet. Als sie den Balkan unter ihre Oberherrschaft gebracht hatten, diente ihnen der Strom zur Sicherung ihrer Nordostflanke gegen die Angriffe der Walachen (Rumänen) und der Ungarn. Sie bauten entlang der Donau zahlreiche wehrhafte Burgen, deren bedeutendste das bulgarische Widin und das serbische Belgrad waren.

Die türkische Donauflotte beherrschte den Strom von der Mündung bis nach Ofen (Budapest). Unter Sultan Bajazid II. wurden im 15. Jahrhundert erstmals auch Kanonen auf Donauschiffen transportiert und zum Einsatz gebracht. Die Kriegsschiffe der Türken waren den am Oberlauf benützten «Nassauern» und «Hohenauern» nachgebaut. Das waren riesige Zillen, die die Türken «Nassaden» nannten. Die Besatzungen dieser aus Weichholz gebauten Kähne bestanden aus serbischen Schiffern. Eine Nassade konnte etwa dreihundert Soldaten befördern. Mitte des 16. Jahrhunderts bestand die türkische Donauflotte aus achthundert Nassaden.

Die wirtschaftliche Bedeutung der Donau war für das osmanische Türkenreich gering. Sie blieb während der jahrhundertelangen osmanischen Herrschaft im Urzustand. Stromschnellen, nicht regelbare Wasserstände und immer wiederkehrende Hochwasser lähmten den Güterverkehr auf der Donau ebenso wie die permanenten politisch-militärischen Spannungen im Grenzgebiet gegen die habsburgische

Seite 41:
Keine deutsche Stadt ist schon von ihren Anfängen her so stark mit dem Osten verbunden wie Regensburg. Von hier zogen die Kreuzritter ins Heilige Land, und von hier nahm jener Fernhandel seinen Ausgang, dem das mittelalterliche Regensburg seinen Reichtum verdankte. Deutsche Kolonisten reisten von Regensburg donauabwärts, wo sie in ihren neuen Siedlungsräumen eine wichtige kulturelle Brücke zwischen allen Donauvölkern bildeten.

Seiten 42 und 43:
Nach dem germanischen Götterhimmel Walhalla wurde der von 1830 bis 1842 vom Bayernkönig Ludwig I. errichtete und den «rühmlich ausgezeichneten Teutschen» gewidmete Marmortempel auf einer Anhöhe bei Donaustauf benannt. Im Innern der dem Parthenon in Athen nachgebildeten Ruhmeshalle des deutschen Volkes sind zahlreiche Büsten und Ehrentafeln großer Deutscher zu sehen.

Seite 44, oben:
Ausblick von der Walhalla.

Seite 44, unten:
Weites, fruchtbares Bauernland begleitet die Donau entlang des Südufers von Regensburg bis nach Passau.

Seite 45, oben:
Ein Symbol altbayerischer Beständigkeit: Das achttürmige Renaissance-Schloß Wörth mit mittelalterlichem Bergfried. Im Schloßhof finden alljährlich die «Schloßfestspiele Wörth» als Freilichtspiele statt.

Seite 45, unten:
Romantische Wiesengründe begleiten die Donau, hier bei Wörth, durch Niederbayern.

Seiten 46/47:
Für den deutschen Weltreisenden Humbold war die «Dreiflüssestadt» Passau eine der schönsten Städte der Erde. Sie liegt auf einer Landzunge am Zusammenfluß von Inn, Donau und Ilz.
Im Vordergrund die Jesuitenkirche St. Michael, rechts dahinter der Dom.

Seite 48:
Fischer in der Inn-Mündung; der Inn ist der bedeutendste Nebenfluß am Oberlauf der Donau.

BEGONNEN
XVIII OCT.
MDCCCXXX

Monarchie. Alle alten Handelsverbindungen, die einst von Regensburg bis nach Byzanz reichten, waren unterbrochen. Das reiche, fruchtbare Bauernland blieb abseits des europäischen Marktes. Das «türkische Donaugebiet blieb für den Welthandel eine wahre terra incognita» (Babinger). Als an der oberen Donau der Handel die Wirtschaft belebte und zu Reichtum und Wohlstand führte, mußten die türkischen Donauländer ein halbes Jahrtausend lang in ihrer wirtschaftlichen Entwicklung aussetzen. Ein verlorenes halbes Jahrtausend, das die Völker an der unteren Donau nun aufzuholen versuchen.

Die Verhältnisse änderten sich erst nach dem Frieden von Adrianopel (1829), der den rumänischen Fürstentümern Moldau und Walachei wie auch dem Fürstentum Bulgarien eine beschränkte Souveränität gab und ihnen einen ersten Anschluß an die Wirtschaft Mitteleuropas ermöglichte. Nicht zuletzt auch durch jene revolutionäre Erfindung, die in Europa die wirtschaftliche Neuzeit eingeleitet hat: die Dampfmaschine.

Am 13. März 1829 wurde in Wien und Budapest die «Erste priv. Donau-Dampfschiffahrts-Gesellschaft» gegründet, und am 17. September 1830 fand die erste Fahrt des Dampfschiffes *Franz I.* von Wien nach Budapest statt. Sieben Jahre später erst fuhr die *Maria Anna* von Wien nach Linz, wo etwas später der aus Regensburg kommende Dampfer *Ludwig I.* der «Bayerisch-Württembergischen Donau-Dampfschiffahrts-Gesellschaft» eintraf. Für den Donauverkehr brach eine neue Zeit an. Der Strom wurde bis zur Mündung mit Dampfschiffen befahren und die Donauländer an den Seeverkehr angeschlossen. Die türkischen Donauländer Rumänien, Bulgarien und Serbien wurden miteinander verbunden, der Weg nach Mitteleuropa und in den Orient öffnete sich ihnen wieder. Die Donau wurde zur kürzesten und billigsten Handelsstraße Mitteleuropas nach der Levante, wobei die türkischen Donauländer einen natürlichen Übergang bildeten.

Die Türken blieben der Donau auch nach ihrem Abzug verbunden. Sie erinnert an die stolzesten Zeiten des osmanischen Reiches, und es ist sicherlich kein Zufall, daß die Donau der einzige europäische Fluß ist, dessen Name im türkischen Volkslied weiterlebt.

Die beiden Weltkriege des 20. Jahrhunderts haben auch die Landkarte an der Donau gewaltig verändert. Die Bedeutung der Donau als große europäische Wasserstraße ist – nach den trübgrauen Jahren der ersten Nachkriegszeit – im Wachsen begriffen. Alte Pläne für den systematischen Ausbau eines gesamteuropäischen Wassernetzes werden Schritt für Schritt realisiert. Der Rhein-Main-Donau-Kanal, der West- und Mitteleuropa mit dem Donauraum verbinden wird, steht vor der Vollendung. An der Endphase des hundertzwanzig Kilometer langen Kanals zwischen Nürnberg und Kelheim wird gearbeitet und damit auch der Traum des Bayernkönigs Ludwig I.

verwirklicht, der ebenfalls die Donau mit dem Rhein verbinden wollte.

Schon unter Kaiser Ferdinand III. hat man im 17. Jahrhundert die Frage erörtert, die Donau über die March mit der Oder zu verbinden; damit wäre auch Schlesien unmittelbar in das Wasserstraßennetz des Donauraumes mit eingebunden gewesen. Der Plan konnte aus finanziellen und technischen Gründen nicht verwirklicht werden. Ende des 19. Jahrhunderts wurde die Idee eines Donau-Oder-Kanals vom österreichisch-ungarischen Reichstag erneut aufgegriffen; der Erste Weltkrieg verhinderte die Realisierung. Jetzt ist das Projekt über das Planungsstadium hinaus gediehen: Die DDR, Polen und die ČSSR haben sich über die Trassenführung geeinigt. Der Donau-Oder-Kanal wird die Mährische Senke zwischen den Karpaten und den Jesenikbergen durchqueren und bei Ostrava ins Tal der Oder eingebunden werden. Am Unterlauf der Donau baut Rumänien den Donau-Schwarzmeer-Kanal. Er läuft parallel zur Bahnlinie Cernavoda – Konstanza (61 Kilometer) und erspart einen Umweg durch das Donaudelta von 240 Kilometern.

Die Donau ist für alle Anrainerstaaten auch zu einem mächtigen Energieträger geworden. Das erste Donaukraftwerk wurde vor dem Zweiten Weltkrieg in Deutschland bei Passau errichtet. Auf dem österreichischen Streckenabschnitt sind fünfzehn Kraftwerke vorgesehen. Das erste wurde unmittelbar nach dem Krieg bei Jochenstein gemeinsam mit Bayern (unter Aufsicht der amerikanischen Militärverwaltung) errichtet, und das letzte wird das Gemeinschaftskraftwerk mit der ČSSR bei Hainburg sein. In Ungarn entstehen zwei tschechisch-ungarische Kraftwerke, und am «Eisernen Tor» haben Rumänien und Jugoslawien das größte Kraftwerk an der Donau errichtet. Durch den zweihundert Kilometer langen Rückstau wurden die gefürchteten Stromschnellen für immer entschärft. Rumänien und Bulgarien werden ebenfalls zwei gemeinsame Kraftwerke entwickeln. Der gemeinsame Kraftwerkbau an der Donau ist nicht ohne politische Rückwirkung; er festigt die bilateralen Beziehungen der Donaustaaten dank der Verknüpfung der wirtschaftlichen Interessen.

Einst ein gefürchtetes Schiffahrtshindernis: Die Stromschnellen und Klippen im Eisernen Tor entlang der serbisch-walachischen Grenze. Heute liegt hier der Wasserspiegel etwa um 30 m höher.

Die bayerische Ostmission

Das alte bayerische Stammesherzogtum, das von der Eger bis zur Etsch und vom Lech bis zur Traun reichte, wurde im 7. Jahrhundert n. Chr. durch irisch-schottische Mönche christianisiert. Gefestigt wurde das Christentum aber erst im 8. Jahrhundert unter der Regierungszeit der beiden großen Bayernherzöge Odilo und Tassilo. Für die Donaumission von Bedeutung war die Gründung der Klöster St. Emmeram in Regensburg, Niederalteich bei Osterhofen sowie die Errichtung der Bistümer Regensburg und Passau.

Unter Herzog Tassilo erreichten die Klostergründungen ihren Höhepunkt. Entlang der Donau entstanden noch die Klöster Niedermünster, Pfaffmünster, Münchsmünster, Osterhofen und Niedernburg, und östlich des Inns wurden die Abteien Mondsee, Mattsee und – weit vorgeschoben im Slawenland – Kremsmünster gestiftet. Hand in Hand mit den Klostergründungen erfolgte auch die erste große und organisierte Rodungswelle in den unüberschaubaren Buchen- und Eichenwäldern des Alpenvorlandes. Die christlichen Kolonisatoren drangen schrittweise gegen Osten vor und erreichten im 9. Jahrhundert den Fluß Traisen, wo von Tegernsee aus das Kloster St. Pölten gegründet wurde. Das 8. Jahrhundert war der Beginn der bayerischen Kultur- und Geistesgeschichte, die vor allem von den Kirchen und Klöstern getragen wurde. An die Kunst und Architektur dieser Zeit erinnern der weltberühmte Tassilo-Kelch im Stift Kremsmünster, die Martinskirche in Linz (sie wurde Ende des 8. Jahrhunderts über den Resten einer frühchristlichen römischen Kirche errichtet) und – jenseits der Alpen an der Grenze des bayerischen Stammesherzogtums – die frühromanischen Fresken in der Proculuskirche von Naturns bei Meran.

Der Einfall der Magyaren im 10. Jahrhundert machte die Missions- und Kolonisationsarbeit vieler Jahrzehnte zunichte. Die Klöster wurden geplündert, die nur aus Holz bestehenden Kirchen zerstört, die Siedlungen in wilder Flucht verlassen. Der Wald kehrte zurück, und viele Dörfer und Weiler blieben für immer verschwunden. Verloren gingen die Wachau und der breite bayerische Siedlungsboden zwischen Donau und Drau, der unter den karolingischen Königen für das Frankenreich gewonnen worden war.

Nach dem Sieg König Ottos I. über die Magyaren in der Schlacht

Von 1890 bis 1898 wurden in die Katarakte zwischen Moldova Veche und Turnu Severin von Österreich-Ungarn bis zu 80 m breite Kanäle gesprengt. Die Eröffnung nahm Kaiser Franz Joseph I. vor. Bild: Serbische Landbevölkerung begrüßt das Kaiserschiff.

auf dem Lechfeld bei Augsburg im Jahre 955 «war der Weg zum Kaisertum der deutschen Könige, zu ihrer Ostpolitik und Ostmission frei. Als Schutzherrn der Christenheit, verantwortlich für Frieden in Reich und Kirche, war dem deutschen König auch seine Aufgabe gegen den heidnischen Feind im Osten vorgezeichnet» (Joseph Wodka).

Otto I. der Große wurde im Februar 962 in Rom zum römischen Kaiser gekrönt, wo er feierlich die Ostmission gelobte und vom Papst die Zustimmung erhielt, das Bistum Magdeburg zu einem Erzbistum für die Wenden (Slawen) zu erheben. Für die neuerliche Ostmission entlang der Donau wurde die Ottomanische Ostmark errichtet, die seelsorgerisch von den Bischöfen von Passau und administrativ von den bayerischen Herzögen betreut wurde.

Der erste Bischof, der machtvoll in die Geschicke der neugegründeten Mark eingriff, war Pilgrim von Passau (971–991). Er entstammte dem altbayerischen Aribonengeschlecht und war nicht nur ein frommer Kirchenfürst, sondern auch ein weitvorausschauender politischer Kopf. Pilgrim erkannte die Zeichen der Zeit, die durch das Seßhaftwerden der Magyaren am Mittellauf der Donau für Bayern und das Römische Reich Deutscher Nation signalisiert wurden: Er begriff, daß hier eine weltliche Macht im Entstehen war, die gegebenenfalls die Völker an der Donau unter ihre Herrschaft zwingen konnte. Und der deutsche Bischof von Passau wußte auch, daß sein Oberhirte in Rom eifrig bemüht war, den jungen, kraftvoll aufstrebenden ungarischen Staat unter seine direkte Kontrolle zu bringen.

Pilgrim aber träumte von einem geistig-weltlichen Fürsterzbistum an der Donau, das nach seiner Auffassung von Passau bis nach Budapest reichen sollte. Um seinen kirchlichen Anspruch gegenüber dem Erzbistum Salzburg im Donauraum abzusichern, ließ er jene falschen Papstbullen herstellen, die sein Bistum zum offiziellen Erbe des früheren römischen Bistums Lorch (Enns) machen sollten. Die «Lorcher Fälschungen» hätten aus Lorch noch nachträglich die Metropole des pannonischen Ostens gemacht.

Pilgrim konnte seine politischen Pläne nicht verwirklichen. Die Errichtung des eigenen nationalungarischen Erzbistums Gran (Esztergom), das von der bayerischen Kirchenprovinz unabhängig war, erlebte er nicht mehr. Die Saat seiner Ungarnmission ging auf, ohne daß es ihm noch vergönnt war, die politische Ernte der Christianisierung für sein Bistum einzubringen.

Dennoch hat Pilgrims Ungarnmission bis heute unauslöschliche Spuren hinterlassen. Ungarn, eingeklemmt zwischen dem byzantinischen Osten und dem römischen Westen, entschied sich für das Abendland. Der ungarische König Stephan der Heilige heiratete Gisela, die Schwester des Bayernherzogs und späteren Kaisers Heinrichs II. An den ungarischen Hof kamen bayerische Adelige, von denen manche zu Ahnherrn mächtiger ungarischer Geschlechter wurden. Bayerische Mönche gründeten die ersten Klöster in Ungarn.

Unbestreitbar ist auch das Verdienst Pilgrims für die Mission im heutigen Niederösterreich. Er nahm das ganze österreichische Donautal für seine Passauer Bischofskirche in Besitz und ließ sich auch die alten Zehentrechte – die ihm große und regelmäßige Einnahmen sicherten – durch eine Synode bestätigen. Pilgrim schuf in dieser Zeit die materiellen Grundlagen für den Reichtum der Passauer Diözese.

Die Bürger der Stadt Passau profitierten vom Reichtum der Bischöfe nur indirekt; durch eine verstärkte Bautätigkeit etwa oder durch den gehobenen Lebensstil und die Hofhaltung der Bischöfe und des Domkapitels. Passau war, wie übrigens die meisten Städte Altbayerns, vorwiegend zur Dienstleistung für den Stadtherrn da; eine Stadt der Handwerker und Krämer, arm und armselig.

Stolzes mittelalterliches Passau am Zusammenfluß von Donau, Inn und Ilz. Hier endet die deutsche Donau.

Während in den reichsfreien Städten schon im 13. Jahrhundert das Stadtrecht den Bürgern das Recht auf städtische Selbstverwaltung gab, blieb die Verwaltungshoheit in Passau noch bis ins 15. Jahrhundert ausschließlich in den Händen der Bischöfe. Die Bewohner hatten keine Rechte, und wenn sie gegen die bischöfliche Gewalt aufmuckten, wurden sie hart bestraft. Dies hatte für die Stadt schwerwiegende wirtschaftliche Folgen. Anders als in Regensburg konnte sich hier kein Patriziat entwickeln, das stark und mächtig genug gewesen wäre, den bischöflichen Stadtherrn die Führung streitig zu machen. So blieb die Stadt arm, obwohl sie aufgrund ihrer Lage am Schnittpunkt uralter Handelswege gerade für den Freihandel überaus prädestiniert gewesen wäre. Doch die Bischöfe ließen den freien Handelsgeist der Fugger und Welser in ihrer Stadt gar nicht erst zur Entfaltung kommen.

Der Dom von Passau, der weithin sichtbar das Stadtbild beherrscht, weist keine stilistische Einheit auf, sondern eine Vielfalt von Stilrichtungen, die von der Gotik und Renaissance bis zu Rokoko und Empire reichen. Das ist kein Zufall. Der Baufortschritt am Dom war von der Bonität der bischöflichen Finanzen abhängig und davon auch die wirtschaftliche Entwicklung der Stadt.

Das reiche wirtschaftliche Erbe der Passauer Mission im österreichischen Donautal verfiel allmählich durch die wachsende Selbständigkeit des österreichischen Herzogtums. Die Einnahmen für das Hochstift gingen kontinuierlich zurück und erreichten ihren Tiefpunkt Ende des 18. Jahrhunderts, als Kaiser Joseph II. die österreichischen Länder aus dem Einflußbereich des Bistums Passau löste, die Klöster aufhob und den bischöflichen Grundbesitz der Passauer beschlagnahmte.

Der Wegfall der österreichischen Besitzungen führte zu einer Verarmung der Stadt, die strukturell auch heute noch nicht überwunden ist. Vielleicht ändert sich die Situation, wenn die Rhein-Main-

Donau-Verbindung auch Passau die Möglichkeit einer sinnvollen Industrialisierung gibt, denn – bei aller Wertschätzung der kulturhistorischen Verdienste der Passauer Bischöfe – von Kultur und Glaube allein kann keine Stadt leben.

Das kulturell-geistige Erbe der Passauer Mission an der Donau hingegen ist ungebrochen bis auf den heutigen Tag. Viele Kirchen und Klöster – vor allem die großen Benediktinerabteien Melk und Göttweig – erinnern daran; unvergessen ist das literarische Werk der an der Donau bei Melk lebenden Klausnerin Ava, die mit ihrem *Leben Jesu* als erste Frau deutsche Verse schrieb. Unvergessen die Minnesänger, die klösterlichen Buchmaler, Schreiber, Baumeister, Steinmetze, die im Gefolge der bayerischen Ostmission den Grundstein für Österreichs geistige und materielle Kultur gelegt haben.

Ganz anders Linz. Die oberösterreichische Landeshauptstadt lag jahrhundertelang im politischen und wirtschaftlichen Schatten des Passauer Hochstifts. Eine kleine Bauernstadt mit Bischofssitz, deren vielhundertjährige Geschichte drei mehr oder weniger ruhmvolle Geschehnisse kennt. Da ist der mehrjährige Aufenthalt des Habsburger Kaisers Friedrich III., der sich – vom Ungarnkönig Matthias Corvinus aus Wien vertrieben – ins freiwillig gewählte Asyl auf der wehrhaften Linzer Burg zurückzog und hier auch starb. Dann der Kampf des evangelischen Bauernführers Stefan Fadinger um Religions- und Bauernfreiheit; Fadinger wurde während der Belagerung von Linz im Juli 1626 tödlich verletzt, der Aufstand brach zusammen, und viele Bauernführer wurden entgegen einem kaiserlichen Versprechen von bayerischen Truppen gefangengenommen und hingerichtet (Oberösterreich war damals an Bayern verpfändet). Schließlich ist noch der Sieg der Franzosen über die Österreicher bei Linz zu vermerken, der Napoleon 1809 den Weg nach Wien freigemacht hat.

Linz war schon zur Zeit der Hallstattkultur, um 700 v. Chr., ein Fernhandelsplatz, an dem Metallwaren und Salz gegen Felle, getrocknete Fische und Bernstein getauscht wurden. Der Fernhandel auf der Donau nahm unter keltischer Herrschaft sprunghaft zu, verebbte dann aber unter den Römern. In Linz (Lentia) waren nur kleine Abteilungen stationiert, deren Hauptquartier im strategisch günstiger gelegenen Lauriacum (Enns/Lorch) lag. Nach dem Abzug der römischen Besatzung und nach den Awarenstürmen ließen sich um 700 n. Chr. die ersten bayerischen Siedler nieder. Erst zweihundert Jahre später wird Linz erstmals als Handelsort erwähnt.

Im frühen Mittelalter hatten die Kaufleute ihre Siedlung am Fuß der Burg. Aus dieser entwickelte sich allmählich die Stadt, die im 13. Jahrhundert ihre erste wirtschaftliche Blüte erlebte. Nicht unerheblich waren dafür die Einnahmen aus der Maut für den Donauübergang, der damals noch mit einer Fähre erfolgte. Bei Niederwasser konnte man den Strom auch durch ein Furt überqueren. Der erste

Am Anfang der Wachau liegt das Benediktinerstift Melk. «Die herrliche Klosterkirche ist gewiß eine der prächtigsten in ganz Deutschland», schrieb 1826 der Donaureisende Dr. Georg Carl Borromäus Rumy zu diesem Bild von Jakob Alt.

Benediktinerstift Göttweig am Ausgang der Wachau, eines der großen geistigen Zentren Österreichs.

Brückenschlag erfolgte 1497. Mit der 1672 erfolgten Gründung der ersten Wollzeugfabrik Österreichs trat dann Linz früher als alle anderen Städte der österreichisch-ungarischen Monarchie in das frühindustrielle Zeitalter ein. Handelssinn und Gewerbefleiß hatten den Boden dafür vorbereitet.

Schon 1490 war Linz Hauptstadt des «Herzogtums ob der Enns» geworden, 1785 dann Sitz der oberösterreichischen Landesregierung. Diese verwaltungsmäßige Erhöhung verdankt Linz ebenso wie die Einrichtung einer von Passau unabhängigen Diözese dem Aufklärerkaiser Joseph II., der dem aufgeschlossenen Geist der Linzer mehr entsprach als den Wienern.

Der große wirtschaftliche Aufstieg der Stadt begann im 19. Jahrhundert mit dem Bau der Eisenbahnen. Linz geriet in den Schnittpunkt der großen europäischen Linien: von Wien nach Paris und über Passau nach Nürnberg und Hamburg; von Triest über den Pyhrnpaß nach Prag und Berlin. Vorläufer der Prager Linie war die 1831 zwischen Linz und Budweis eröffnete erste Pferdeeisenbahn Europas.

Einen ungewöhnlich steilen industriellen Aufschwung erlebte Linz zwischen 1938 und 1941 und – trotz der schweren Zerstörungen durch Luftangriffe während des Zweiten Weltkrieges – seit 1945. Daß die «Gauhauptstadt» Linz nach dem «Anschluß» Österreichs an das Deutsche Reich zur größten und modernsten Industriestadt der «Ostmark» wurde, verdankte es sicherlich nicht nur dem Wunsch Hitlers, der Stadt seiner Jugend einen außergewöhnlichen wirtschaftlichen Impuls zu geben, sondern vor allem seiner günstigen Verkehrs- und (für die damalige Zeit) geostrategischen Lage weit im Binnenland des damaligen Großdeutschen Reiches.

In wenigen Jahren entstanden das Stickstoffwerk und das große Stahlwerk, das unter der Bezeichnung VÖEST (Vereinigte Österreichische Eisen- und Stahlwerke) vor allem durch sein nach dem Krieg entwickeltes LD-Verfahren zur kosten- und materialsparenden Stahlgewinnung weltweites Aufsehen erregt hatte.

Ausschlaggebend für die Standortwahl des größten österreichischen Stahlwerkes waren auch die relative Nähe des Steierischen Erzberges (hier haben schon die Römer Eisenerz im Tagbau gewonnen) und der billige Transport von Kohle auf dem Wasserweg. Heute bringen Donauschlepper sowjetische Kohle aus dem Donbas über das Schwarze Meer nach Linz. Nach der Eröffnung des Rhein-Main-Donau-Kanals wird Linz auch mit dem Ruhrgebiet (und der Ruhrkohle) und der Nordsee verbunden sein. Linz ist auch dafür gerüstet: Der Hafen wurde entsprechend ausgebaut und eine große Zollfreihandelszone errichtet. Der Linzer Hafen ist auch der Haupthafen der österreichischen Donau-Dampfschiffahrts-Gesellschaft.

Der sprunghafte industrielle Aufschwung führte auch zu einem entsprechenden Anstieg der Bevölkerung: 1840 lebten in Linz etwa

Die bis ins 19. Jahrhundert für die Donauschiffahrt üblichen Weichholzzillen und Ruderboote hatten höchstens eine dreijährige Lebensdauer.

dreiundzwanzigtausend Menschen, 1916 waren es doppelt soviel, und 1938 stieg die Bevölkerungszahl auf hundertfünfundzwanzigtausend an. Heute ist bereits die Zweihunderttausendergrenze erreicht. Der Bevölkerungszuwachs kam hauptsächlich aus dem umliegenden Bauernland, vor allem aus dem wirtschaftlich armen Mühlviertel, von wo täglich Tausende Pendler nach Linz zur Arbeit kommen.

Die Verdoppelung der Stadtbevölkerung innerhalb weniger Jahrzehnte macht sich nicht nur in dem immer größer werdenden Stadtgebiet mit modernen Wohnbauten, Hochhäusern und ausgedehnten Stadtrandsiedlungen und -versiedlungen bemerkbar, sondern auch in der geistigen Physiognomie und im kulturellen Charakter der Stadt. Linz ist eine Stadt der Jugend und eine Stadt mit Zukunft. Die alte Bischofsstadt ist längst aus dem Schatten der Vergangenheit herausgetreten und stellt sich heute als eine offene und moderne Stadt dar. Und es war gewiß kein Zufall, sondern eine der Stadt entsprechende Notwendigkeit, daß Linz seit 1966 auch Sitz einer Hochschule für Sozial- und Wirtschaftswissenschaften ist.

Der tiefgreifende Prozeß der sozialen Umschichtung vom Bauern zum Industriefacharbeiter ist noch nicht abgeschlossen. Sie erfolgt in Linz nicht so abrupt wie in anderen neuen Industriezentren der Welt. Die Arbeiter, von denen viele daheim noch eine kleine Landwirtschaft haben, wachsen erst langsam in die moderne Industriegesellschaft hinein.

Durch das babenbergische Österreich

Ein für die Geschichte Österreichs bedeutungsvoller Ort ist vom Strom her kaum zu sehen, die Stadt Enns und, mit ihr verbunden, das seit der Donauregulierung nicht mehr am Ufer gelegene Lorch, das römische Lauriacum.

Enns liegt auf einer eiszeitlichen Hochterrasse, die gegen Osten steil zum Ennsfluß abfällt. Auf der gegen die Donau zu vorgelagerten niederen Terrasse befand sich das große römische Lager Lauriacum in der damaligen Provinz Noricum, das im Sturm der Völkerwanderung von den Awaren vernichtet wurde und dessen Ruinen über Jahrhunderte von dichten Auwäldern bedeckt waren, ehe man sie in unserer Zeit systematisch freilegte.

Die Ennser Wehrburg, um die sich im 12. Jahrhundert die Stadt Enns entwickelte, wurde nach den ersten Ungarneinfällen um 900 von den Bayernherzögen erbaut. Sie war durch ihre günstige strategische Lage ein wichtiges Bollwerk gegen den Osten, der jenseits der Enns begann. An der Enns endete über Jahrhunderte hinweg der staatliche und kirchliche Machtbereich des altbayerischen Herzogtums, aber auch der Karolinger und Franken. Fast genau tausend Jahre später bildete der Fluß von 1945 bis 1955 die Westgrenze der russischen Besatzungszone in Österreich.

Alte Ansicht der Stadt Enns; die Gebirge im Hintergrund entsprangen der Phantasie des Künstlers Jakob Alt.

Östlich der Enns lag nach dem Abzug der römischen Besatzungstruppen entlang der Donau ein politisches Niemandsland, das sich irgendwo an den fernen Grenzen des Byzantinischen Reiches verlor. Das Land war nicht menschenleer, aber es besaß keine staatliche Organisation und war schutzlos den stärkeren Nachbarn im Norden und Osten ausgesetzt.

Es gibt, außer der Lebensgeschichte des heiligen Severin, der im Chaos der beginnenden Völkerwanderung in Favianae (Mautern) als Mönch lebte und durch seinen persönlichen Einsatz viel zur Linderung der unmittelbaren Not beigetragen hat, kaum schriftliche Berichte über diese Zeit der «dunklen Jahrhunderte» an der Donau.

Den archäologischen Funden nach zu schließen, lebte südlich der Donau eine romanisierte und römische Bevölkerung, teils veneto-illyrischer, teils keltischer Herkunft, die seit «dem 3. Jahrhundert immer wieder und im 4. Jahrhundert im steigenden Maß germanisches Blut aus den Ländern des Nordens aufgenommen hat. Auch der

Seite 59:
Schiffahrtssignale bei Engelhartszell; durch Rückstau und Regulierung wurde die Donau zu einem behäbigen Fluß.

Seite 60, oben:
Idylle im Donaudurchbruch zwischen Passau und Schlögen.

Seite 60, unten:
Dieser alte «Getreidekasten» (Anfang 17. Jh.) hat durch den Bau des Kraftwerks Aschach stark gelitten. Das unterste Geschoß mußte wegen der Hebung des Wasserspiegels zugeschüttet werden. Noch immer ziehen die Mauern Wasser, wie auf dem Bild deutlich zu sehen ist.

Seite 61, oben:
Wehrhafte Burgen sicherten im Mittelalter Bistum und Bischofsstadt Passau. Hier die Burg Marsbach gegenüber von Wesenufer.

Seite 61, unten:
Die Rollfähren über die Donau werden immer seltener. An ihre Stelle treten allerorts neue Brücken.

Seiten 62/63:
Seit zwei Jahrtausenden hat sie nichts an ihrer wirtschaftlichen Bedeutung verloren: Die Donau als gewaltige Schiffahrtsstraße vom Herzen Europas bis zum Schwarzen Meer.

Seite 64, oben:
Aus der alten Bauern- und Bischofsstadt Linz wurde in den letzten Jahrzehnten die bedeutendste Industriestadt Österreichs. Im Bild: Die Silhouette der Wallfahrtskirche auf dem Pöstlingsberg.

Seite 64, unten:
Das große Chemiewerk Linz, das wie die meisten österreichischen Großindustrien in staatlichem Besitz ist.

Seite 65:
Wenn man heute durch den Strudengau von Grein nach Ybbs fährt, erinnert nur noch eine Gedenktafel an die einstige Gefährlichkeit der Donau-Wirbel, die durch den Rückstau der Donau im Bereich des Kraftwerkes Ybbs-Persenbeug für immer verschwunden sind.

Seite 66:
Die Donau bei Melk. Hier beginnt die Wachau, jenes 32 km lange Durchbruchstal der Donau zwischen Melk und Krems. Es gehört zu den schönsten Natur- und Kulturlandschaften Österreichs. Der Name Wachau (Wahowa) Wird erstmals 823 in einer Schenkungsurkunde Ludwigs des Frommen erwähnt. Die bayerische Besiedlung begann bereits Ende des 7. Jahrhunderts.

KAISER FRANZ IOSEF
befreite die Schiffahrt von
DONAU
durch
der
Felsinsel
1853

Zuzug östlicher und anderer Volkselemente hat den Volkscharakter der Donauländer mitbestimmt» (Mitscha-Märheim).

Nördlich der Donau siedelten vorwiegend germanische Stämme und Völkerschaften. Im Marchfeld und in der angrenzenden Slowakei lagen die kleinen Stammesfürstentümer der Quaden, die jedoch kulturell sehr stark unter dem Einfluß ihrer östlichen Nachbarn, der sarmatischen Jazygen zwischen Donau und Theiß, standen.

Von Böhmen bis ins nördliche Niederösterreich erstreckte sich das mächtige Königreich der Markomannen, das immer wieder die römische Donaugrenze bedrohte und trotz einiger Feldzüge nicht unterworfen werden konnte. Im 4. Jahrhundert drängten die Quaden über die Donau und zerstörten Carnuntum, eines der Hauptlager der römischen Provinz Pannonien.

Das niederösterreichische Waldviertel und das oberösterreichische Mühlviertel gehörten wie auch der heutige Bayerische Wald zu einem riesigen Waldareal, dem Nordwald, der so gut wie nicht besiedelt war.

Gegen Anfang des 5. Jahrhunderts tauchen nördlich der Donau die ersten germanischen Langobarden auf, die sich in Böhmen und Mähren und zum Teil im heutigen Weinviertel niederließen. Die Langobarden verbündeten sich im Kampf gegen die im östlichen Karpatenraum lebenden Gepiden mit dem Hirtenkriegervolk der Awaren und überließen diesen einen Teil des heutigen Ungarn, ehe sie nach Italien weiterzogen, wo sie ein Königreich gründeten, dessen Grenzen bis an das altbayerische Stammesherzogtum reichten.

Mit den Awaren kamen auch die Slawen an die österreichische Donau, wo sie die Leerräume auffüllten, ohne zu einer staatlichen Ordnung zu kommen. Sie siedelten nicht nur nördlich, sondern auch südlich der Donau bis zu den Voralpen.

Die Awaren wurden zu Beginn des 9. Jahrhunderts im Zuge der karolingischen Ostkolonisation nach mehreren Feldzügen unterworfen und in einem Gebiet an der Leitha zwangsweise angesiedelt, wo sie kurze Zeit später an einer Seuche zugrunde gingen. In der russischen Nestorchronik aus dem 11. Jahrhundert wird über ihr Ende berichtet: «Sie starben alle weg, und nicht ein Aware ist übrig geblieben. Noch immer gilt in Rußland das Sprichwort: Sie sind untergegangen wie die Awaren, kein Vetter, kein Erbe ist mehr von ihnen vorhanden.» Und doch haben sie europäische Geschichte gemacht: Sie bereiteten den slawischen Stämmen nicht nur den Weg an die Donau vor, sondern auch die Landnahme der südslawischen Stämme zwischen Save und Drau.

Das Niemandsland an der Donau wurde im 9. Jahrhundert von der deutschen Ostkolonisation erfaßt. Die Mark an der Donau umfaßte das Gebiet zwischen Enns und dem Wienerwald; sie war eine der vielen Grenzmarken, die von Karl dem Großen und seinen Nachfolgern zur Sicherung der unruhigen Ostgrenze eingerichtet wurde.

Seite 69:
Spitz am berühmten «Tausendeimerberg», der in guten Jahren 1000 Eimer à 56 Liter Wein liefern soll, gehörte im frühen Mittelalter zum bayerischen Kloster Niederalteich und wurde damals «Wachau» genannt. Später wurde dieser Name für das gesamte wald- und rebenreiche Engtal zwischen Melk und Krems übernommen.

Seiten 70/71:
Die 300 Meter auf einem steil abfallenden Felsen oberhalb von Aggsbach Dorf gelegene Burgruine Aggstein gilt als markantestes Wahrzeichen der Wachau. Die Burg wurde im 13. Jahrhundert vom mächtigen Raubrittergeschlecht der Kuenringer erbaut. Hier findet man immer wieder bestätigt, daß die Wachau zu den großartigsten Kulturlandschaften Europas zählt.

Seite 72, oben:
Stift Melk. Die nach den Plänen von Jakob Prandtauer Mitte des 18. Jahrhunderts erbaute Benediktinerabtei gehört zu den großen Meisterwerken des österreichischen Barock.

Seite 72, unten:
Schloß Schönbühel, auf einem 40 m hohen Felsen am Eingang in die Wachau gelegen. Es wurde 1819 bis 1821 in seiner heutigen Form erbaut. Dahinter das 1665 gegründete Servitenkloster.

Seite 73, oben:
Ruine Dürnstein. Von den Kuenringern im 13. Jahrhundert erbaut, war Dürnstein neben Aggstein eine der bedeutendsten Burgen an der Donau. Hier wurde 1192/93 der englische König Richard Löwenherz vom Babenberger Leopold gefangengehalten und erst gegen ein hohes Lösegeld freigelassen. Leopold baute mit seinem Anteil die Wehrmauern Wiens und unter anderem auch die Festung Wiener Neustadt.

Seite 73, unten:
Die Burgruine Weitenegg, schräg gegenüber von Melk gelegen, thronte einstmals als wehrhafte Feste am Eingang der Wachau.

Seite 74:
Sonniges Weinland Wachau! Dieses herrliche Donautal braucht den Schönheitsvergleich mit Rhein und Mosel nicht zu scheuen.

Seite 75, oben:
Das Benediktinerstift Göttweig, gegründet vom Passauer Bischof Altmann, thront stolz auf einer Bergkuppe. Architektur und Landschaft bilden auch hier, wie überall in der Wachau, eine großartige Einheit.

Seite 75, unten:
Breiter, schwerer Ackerboden löst im Tullnerfeld die Granitberge der Wachau ab.

Seite 76:
Krems, eine Donaustadt mit ungewöhnlich starkem kulturellem und historischem Flair. Die Stadt, deren Wohlstand einst durch den Weinhandel geprägt wurde, war im frühen Mittelalter Wien ebenbürtig.

Die karolingische Mark an der österreichischen Donau (der deutsche Ausdruck Ostmark kam erst später auf) war ständig vom Großmährischen Reich bedroht, das in der zweiten Hälfte des 9. Jahrhunderts erstmals die slawischen Stämme in Mähren und der westlichen Slowakei in einer staatlichen Organisation vereinigte. Unter ihren Fürsten Mojmir, Rastislaw und vor allem Swatopluk widersetzten sie sich erfolgreich den fränkischen wie auch den bulgarischen Bemühungen, sie unter ihre Oberhoheit zu zwingen. 864 trafen sich in Tulln an der Donau der Bulgarenfürst Boris I. und der fränkische König Ludwig der Deutsche, um ein gemeinsames Vorgehen gegen das Großmährische Reich zu beraten. Boris, der ein Jahr später das byzantinische Christentum annahm, unterstützte Ludwig auch im Kampf gegen seinen aufständischen Sohn Karlmann. Die Zusammenkunft in Tulln beweist einmal mehr, daß dieses erste bulgarische Reich in seiner politischen Wirkung europäische Dimensionen hatte.

Gegen Ende des 9. Jahrhunderts zerschlugen die Magyaren die karolingische Mark an der Donau. Schon 881 war es zu einem ersten Zusammenstoß fränkischer Ritter mit ungarischen Reitern in der Nähe von Wien gekommen, das in diesem Zusammenhang erstmals nach mehreren hundert Jahren wieder urkundlich erwähnt wurde. Wenige Jahre später eroberten die Ungarn das Großmährische Reich und besiegten 907 einen bayerischen Heerbann bei Preßburg. Die Enns wurde wieder zur Grenze des Frankenreiches.

Die ungarische Gefahr führte in Deutschland zu einer innenpolitischen Konsolidierung und zur Stärkung der königlichen Macht. 933 errang König Heinrich I. bei Merseburg einen Sieg über die Magyaren, die es daraufhin vermieden, die Enns in westlicher Richtung zu überschreiten. Doch nach dem Tod Heinrichs traten die ungarischen Stammesfürsten erneut zum Angriff gegen das Frankenreich an. Zwei Jahrzehnte lang setzten sie ganz Europa in Furcht und Schrecken. Die ungarischen Horden überquerten die Alpen, jagten das Mittelmeer entlang bis zu den Pyrenäen, erreichten den Atlantik und stießen bis an die Elbe vor. Im Osten wurde ihnen selbst der Kaiser von Byzanz tributpflichtig. 948 ließ sich der ungarische Heerführer Bulcsu bei Friedensverhandlungen in Byzanz taufen und erhielt den Rang eines Patriziers des Oströmischen Reiches; damit schien sich Ungarn endgültig Ostrom zuzuwenden.

Doch es kam anders. Der «Mann mit der blutigen Hand», wie Bulcsu in alten Urkunden genannt wird, erlitt auf dem Lechfeld bei Augsburg am 10. August 955 gegen den deutschen König Otto I. eine vernichtende Niederlage, geriet in Gefangenschaft und wurde mit seinen engsten Gefährten gehenkt. Die Nachfahren Arpáds standen nun vor der Aufgabe, die gesellschaftlichen wie außenpolitischen Konsequenzen zu ziehen. Sie machten das Volk seßhaft und entschieden sich mit der Annahme des römischen Christentums für Europa.

Die ungarische Gefahr war zwar gebannt, doch blieb das Land östlich der Enns noch einige Jahrzehnte hindurch politisch ein Niemandsland. Die hier von Otto I. neuerrichtete Grenzmark hatte in erster Linie militärische Aufgaben zu erfüllen. Sie umfaßte ein Gebiet, das von der Enns bis zum Wienerwald und von der Donau bis zu den Voralpen reichte.

976 erhält der fränkische Babenberger Luitpold die Markgrafenwürde. Er wird zum Ahnherrn jenes Geschlechts, das die Geschichte Österreichs entscheidend mitbeeinflußt hat. Die Grenzen der Babenbergermark werden langsam entlang der Donau gegen Osten verschoben: 984 wird Melk, 1002 Tulln die Residenz der Markgrafen. Der Raum Wien, wo der Übergang in das Reich der Ungarn fließend ist, wird 991 erreicht und die Grenzen schließlich an der Leitha für nahezu ein Jahrtausend, bis zum Zusammenbruch der österreichisch-ungarischen Monarchie im Jahre 1918, gefestigt.

In die Zeit des Babenbergers Luitpold fällt auch die erste Erwähnung des Namens «Ostarrichi», aus dem später die Bezeichnung Österreich wurde. In einer Schenkungsurkunde Ottos III. an das Bistum Freising wird ein Gebiet von dreißig Königshufen (etwa 45 Hektar) bei Neuhofen an der Ybbs erwähnt.

Pfarrkirche und romanischer Karner von Tulln, um 1826.

Nördlich der Donau war der Einfluß der Babenberger gering. Im Weinviertel, das seit der Steinzeit relativ dicht besiedelt war, lebten vorwiegend slawische Sippen ohne staatliche Organisation. Unter Markgraf Heinrich I. (994–1018) kam es zur politischen und wirtschaftlichen Festigung des rückeroberten Gebietes an der Donau. Hier entstanden die ersten Siedlungen, und der Fernhandel begann auf der Donau wieder die Menschen der verschiedenen Völker und Stämme einander näher zu bringen.

Die vielen neuen Klöster leisteten für die Entwicklung der materiellen und geistigen Kultur des Kolonisationslandes unschätzbare Dienste. Die Benediktinerklöster Melk und Göttweig (gegen Ende des 11. Jahrhunderts gegründet), wie auch das Anfang des 12. Jahrhunderts gestiftete Zisterzienserkloster Heiligenkreuz im Wienerwald, sind die Marksteine der frühmittelalterlichen Klosterkultur an der Donau, die nicht nur das Leben in der Babenbergermark bestimmt, sondern durch zahlreiche Klostergründungen auch die kulturelle Entwicklung in den Königreichen Böhmen und Ungarn getragen hat. Damals entstand in diesem Raum, lange vor seiner politischen Vereinigung, eine geistige und kulturelle Gemeinsamkeit, die in unzähligen Verästelungen bis in unsere Tage fortdauert.

Im Land an der Donau zwischen Enns und Wien entwickelte sich, gespeist auch von zahlreichen ethnischen Quellen, schon von den ersten Babenbergern an ein staatliches Gebilde, das sich trotz seiner lehensmäßigen Bindung an das große Reich der Franken schon frühzeitig wirtschaftlich, kulturell, geistig und politisch vom germa-

Ruine von Aggstein. Im Mittelalter war die Burg Aggstein Sitz des mächtigen Ministeralengeschlechts der Kuenringer.

nischen Kern des Römischen Reiches Deutscher Nation zu lösen begann.

Durch die Kreuzzüge kamen die Babenberger Markgrafen und Fürsten auch mit dem Oströmischen Reich in direkten persönlichen Kontakt. War auch der zweite Kreuzzug politisch und militärisch ein einziges Debakel, für den Babenbergerherzog Heinrich Jasomirgott war die weite Donaureise kein Fehlschlag: Er heiratete die byzantinische Prinzessin Theodora Komnena und brachte sie an seinen Hof nach Wien.

Diese Ehe, so der österreichische Historiker Zöllner, hat der babenbergischen Hofhaltung und weiteren Kreisen wertvolle byzantinische Kulturelemente vermittelt. Und wohl auch die Klugheit des politischen Verhandelns. Die Politik der Babenberger gegenüber dem Kaiser war genial. Durch geschicktes Manövrieren, durch kluges Ausnutzen der Fraktionskämpfe im Reich und ihrer starken eigenen Position gelang es ihnen, ein Privileg nach dem anderen zu erpressen und eine Verpflichtung nach der anderen loszuwerden, bis sie schließlich zu den stärksten Herrschern Europas wurden.

Man sagt, daß auf Theodoras politisches Einfühlungsvermögen das *Privilegium minus* zurückgeht, das der Stauferkaiser Friedrich Barbarossa den Babenbergern gewährte. Durch dieses Dokument wurde Österreich lehensrechtlich vom Herzogtum Bayern getrennt und zu einem selbständigen Herzogtum erhoben. In dieser Urkunde werden – und das war byzantinische Gepflogenheit – Theodora und ihre Kinder ausdrücklich in die Nachfolge mit einbezogen.

Etwa zur gleichen Zeit wurde in Prag von einem Regensburger Bischof die Veitskirche auf dem Hradschin geweiht und ein nationaltschechisches Bistum errichtet. Mit der kirchlichen Selbständigkeit begann auch der Aufstieg des böhmischen Herzogshauses der Przemysliden, die später unter Kaiser Heinrich IV. mit dem zum Königreich erhobenen Böhmen belehnt wurden. So wurde Böhmen ein Teil des Römischen Reiches Deutscher Nation, und seine Könige hatten bei der Wahl der deutschen Könige als Kurfürsten ein gewichtiges Wort mitzureden. Die Babenberger an der Donau waren «nicht stark genug, um die langgestreckte Südflanke des Przemyslidenstaates aufzubrechen, und mit den Rodungen der Zisterzienser von Zwettl und der Benediktiner von Altenburg biß sich in der Stauferzeit die österreichische Grenze endgültig an der Thaya fest» (Benno Hubensteiner). Die Vereinigung Böhmens mit Österreich erfolgte erst durch die Habsburger im Rahmen ihres Vielvölkerstaates an der Donau.

Geschichte und Kultur, Staat und Kirche haben im österreichischen Herzland an der Donau tiefe Kraftlinien gezogen, die das Leben dieses Landes am Strom bis heute bestimmen. Sie sind am einprägsamsten in jenem zweiunddreißig Kilometer langen Durchbruchstal zwischen den beiden großartigen Benediktinerabteien Melk und Göttweig. Hier

Stadt und Ruinen des Schlosses Dürnstein, gezeichnet von Jakob Alt Anfang des 19. Jahrhunderts. Im Vordergrund Schiffsknechte, die mit Pferden die Schiffe stromaufwärts zogen.

gibt es keinen künstlich geschaffenen Romantizismus wie am Rhein, hier in der Wachau lebt Österreich in seiner vielseitigen Geschichte, seiner vielfältigen Kultur und jenem universellen Geist. Fühlbar und sichtbar.

Die Wachau gehört mit Abstand zu den schönsten Natur- und Kulturlandschaften Österreichs. Erstmals wird der Name Wachau (Wahowa) 823 in einer Schenkungsurkunde Ludwigs des Frommen erwähnt, der die Weinberge um Spitz dem niederbayerischen Kloster Niederalteich vermachte. Allmählich erhielten auch alle anderen großen bayerischen Klöster ausgedehnten Grundbesitz in der Wachau, der vor allem dem Weinbau diente. Die älteste Kirche ist jene von St. Michael; sie wird zwar erst 987 erstmals erwähnt, dürfte aber schon zur karolingischen Zeit in Passauer Besitz gewesen sein. Von diesen Anfängen an ist die großartige Kulturlandschaft dieses Raumes kontinuierlich gewachsen, die von alten Kirchen, Klöstern, Kapellen und Bildstöcken ebenso geprägt wird wie von den Bürgerhäusern ihrer Kleinstädte, Märkte und Dörfer und den sonnigen Rebhängen. Weinbau und Schiffahrt bestimmen hier das Leben der Menschen von alters her. Sie haben den offenen Sinn jener, denen die Ferne nie unbekannt geblieben ist; vom Nibelungenzug bis zu den Autokarawanen unserer Tage.

Donaustadt am Donaustrom: Wien

Wien ist die Donaustadt *par excellence*, obwohl es gar nicht mehr unmittelbar am Strom liegt. Budapest zum Beispiel hätte viel mehr Anspruch auf diese Stellung. Vielleicht ist es die Wiener Musik – und da vor allem der Donauwalzer –, die diese Verschmelzung von Stadt und Strom zuwege gebracht hat. Vielleicht aber auch die Geschichte dieser Stadt als kaiserliche Haupt- und Residenzstadt eines großen Reiches, das als Donaumonarchie in die europäische Geschichte eingegangen ist. Vielleicht? Sicher sogar.

Wien ist zudem auch die österreichischste unter den österreichischen Städten. Budapest ist sicherlich ungarisch, aber eben nicht ungarischer als etwa Debrecen, Szeged oder Kecskemét. In Wien haben alle Völker der alten Monarchie ihre ethnische Subsumierung erfahren; bereichert mit gesamteuropäischen Farbtupfen, die von Sizilien über Frankreich, Spanien, England, Norddeutschland bis nach dem fernen Rußland reichen. Ein Blick in das Wiener Telefonbuch kann da mehr aussagen als viele geistvolle Abhandlungen.

Den Namen Österreich als Staatsgebilde gibt es erst seit dem Ende des Ersten Weltkrieges, als sich die deutschsprachigen Kronländer der alten Monarchie zu einem Bundesstaat zusammenschlossen. Gemeinsam mit dem ebenfalls selbständig gewordenen Ungarn hatten die «Österreicher» die Bürde des verlorenen Krieges zu tragen. Sie konnten es wirtschaftlich nicht – und die Alternative lag im Anschluß Österreichs an das Deutsche Reich. Der Anschlußgedanke war nach 1918 in allen Bevölkerungskreisen sehr stark verankert. Hitler hat ihn 1938 realisiert und versucht, das geistige Erbe des alten Vielvölkerstaates durch administrative Maßnahmen auszulöschen. Der Name Österreich durfte nicht mehr verwendet werden, und selbst die bis in die bayerisch-babenbergische Zeit zurückreichenden Länder Ober- und Niederösterreich wurden umbenannt: in Ober- und Niederdonau.

Doch das geistige Erbe des großen Donaureiches ist geblieben, und zwar besonders in Wien. Es ist durch die Geschichte und diese wiederum durch die geopolitische Lage der Stadt vorgegeben. Dem Fürsten Metternich, er stammte aus Bonn, wird das Wort zugeschrieben, daß in Wien – genauer gesagt bei der «Landstraßer Hauptstraße» – der Balkan beginne. Die «Landstraßer Hauptstraße» im dritten

Wiener Gemeindebezirk umfaßt jene Gegend, die eindeutig nach dem Osten weist. Hier reichen die Ausläufer der pannonischen Ebene bis in die Gärten der Stadt, und hier beginnt nicht nur der Balkan, hier beginnt – geographisch gesehen – auch der Osten. Der pannonische Raum vereinigt ja nicht nur das östliche Österreich, Ungarn und weite Teile Jugoslawiens zu einer geographischen Einheit, sondern erstreckt sich darüber hinaus bis zum Schwarzen Meer und den Steppen Südrußlands.

Die Römer hatten die geographische Zugehörigkeit Wiens zur Welt des Ostens mit ihrem feinen Sinn für die Realität erkannt und respektiert. Sie teilten Vindobona (Wien) nicht etwa der an der oberen Donau gelegenen Provinz Noricum zu, sondern Pannonia, zu deren Hauptort sie zunächst Sabia in Ungarn und später Carnuntum an der Donau machten. Wien lag schon damals an der Grenze zwischen Ost und West. Und so ist es bis heute geblieben. Die Stadt reicht von der Pannonischen Steppe im Osten – von den Wienern «Simmeringer Heide» genannt – bis hin zu den Weinhügeln und Waldhängen des Wienerwaldes, wo, zumindest geographisch, der Westen beginnt.

Wien mit Landungsplatz im Bereich des heutigen Donaukanals zu Beginn des 19. Jahrhunderts.

Das ist der geographische Aspekt der Sonderstellung Wiens, der andere hat politische und historische Ursachen.

Wien verdankt seine politische und wirtschaftliche Entwicklung der vorteilhaften geographischen Lage an der Donau und der Tatsache, daß es fast ein halbes Jahrtausend Residenzstadt eines viele Völker umfassenden Reiches war: Von 1300 an mehrfach, dann ständig die Hauptstadt des Heiligen Römischen Reiches Deutscher Nation und schließlich ab 1806 Residenzstadt des österreichischen Kaiserreiches.

Wien war von seinem Anbeginn an eine Stadt der Herrscher. Von dem Babenberger Heinrich II. Jasomirgott, dem ersten Herzog von Österreich, der in Wien Hof hielt, über den Przemyslidenkönig Ottokar II., dessen Reich von Prag über Wien und Graz bis an die Adria reichte, den Ungarnkönig Matthias Corvinus bis hin zu jenem unglücklichen, weil schuldlosen Kaiser Karl I., der im November 1918 den Zusammenbruch der vielhundertjährigen Habsburgerherrschaft besiegeln mußte.

Die Siedlungsgeschichte Wiens beginnt in der Steinzeit; die ersten verifizierbaren Bewohner waren Veneto-Illyrer. Von den Kelten, so nimmt man an, stammt der Name Wien. Gegen Ende des 1. vorchristlichen Jahrhunderts wurden die Kelten von den Römern abgelöst, die im Zentrum der heutigen Innenstadt ein Kastell errichteten. Sie nannten die kleine Befestigungsanlage Vindobona. Die Anlage hatte nur eine geringe militärische Bedeutung; das Gros der römischen Truppen und der Sitz der Verwaltung waren in Carnuntum im heutigen Gemeindegebiet von Petronell und Bad Deutsch-Altenburg. Nach der Zerstörung Carnuntums durch die Quaden im 4. Jahrhundert wurde Wien als römisches Lager und als Zivilstadt aufgewertet. In Carnuntum dienten die Mauern des römischen Lagers den bayerischen Neusiedlern als Baumaterial. Nur das weithin sichtbare «Heidentor» blieb vor der völligen Zerstörung verschont; es läßt durch seine imposante Größe das gewaltige Ausmaß des Militärlagers und der Stadt erahnen.

Nach dem Zusammenbruch des Weströmischen Reiches und dem Abzug der römischen Truppen und Provinzialen im 5. Jahrhundert wurde Wien zum Durchzugsgebiet vieler Völker, die alle zur Bildung einer seßhaft gebliebenen Bevölkerung beigetragen haben: West- und Ostgoten, Wandalen, Rugier und Langobarden.

Wien lag damals im Herrschaftsgebiet des Hunnenreiches, dessen Westgrenze entlang des Wienerwaldes verlief. Die überragende historische Persönlichkeit dieser Zeit war König Attila, der 440 nach dem Tod seines Bruders Bleda zum Alleinherrscher aufgestiegen war. Die Hunnen, von einer späteren Geschichtsschreibung zum Schreckgespenst, zur «Geißel Gottes», gemacht, waren nicht besser und nicht schlechter als alle anderen Völker dieser Zeit. Ihre Sitten waren andere, aber sie waren nicht ohne Kultur. Diese Unterschiede waren geographisch und historisch bedingt: «Die oft außerordentlich ausgedehnten Nomadenreiche, die einander in Innerasien abgelöst haben, sind nach ganz anderen Gesetzen entstanden als die Staatengründungen europäischer Völker. Während die Reiche der Ackerbauern, die sich in die Erde selbst verankern, sozusagen mehr in die Tiefe gehen und schwerer eine große Ausdehnung in die Breite annehmen, ist es bei den Reitervölkern umgekehrt. Nicht in die Erde selbst ist ihre Lebensart verwurzelt, sondern es geht ihr Machtwille auf eine Überschichtung der angesiedelten Völker aus» (A. Alföldy).

Die kriegerischen Unternehmungen Attilas, die Europa in Angst und Schrecken versetzten, dienten nicht nur dem Raub, sondern waren auch politisch motiviert. Der Hunnenkönig hätte sich nämlich gern selbst auf dem römischen Kaiserthron gesehen, und manche Historiker meinen, daß Attilas Zug nach Frankreich, der 451 mit der berühmten Schlacht auf den katalaunischen Feldern endete, diesem Fernziel gedient habe. Attila wird besiegt, kann sich aber mit dem Gros seiner Truppen nach der ungarischen Tiefebene zurückziehen. Ein Jahr später fällt er nochmals in Oberitalien ein, überquert die Alpen, plündert Augsburg und zieht sich die Donau entlang wieder nach Ungarn zurück. 453 stirbt er überraschend an einem Blutsturz bei der Hochzeitsfeier mit einer seiner Nebenfrauen, der germanischen Fürstentochter Hildiko.

Wien, eine Siedlung ohne städtischen Charakter, gerät in Vergessenheit und wird erst Jahrhunderte später durch die ottonische Ostkolonisation zu neuem Leben erweckt. Damals entstand aus dem Zusammenwachsen der karolingischen Burganlage und einer unbefe-

Seite 85:
Prinz-Eugen-Denkmal auf dem Wiener Heldenplatz vor der Neuen Hofburg. Der aus Frankreich stammende österreichische Feldherr – «der edle Ritter» – bannte 1683 die Türkengefahr für Europa.

Seite 86:
Im Zeitalter der totalen Motorisierung eine begehrte Touristenattraktion: Fiaker in Wien.

Seite 87:
Kein Klischeebild, obwohl oft als solches hingestellt: Das Wiener Kaffeehaus. Es existiert, lebt und ist heute wie ehedem eine Stätte des Gesprächs und der Begegnung.

Seite 88, oben:
Wien, eine Stadt der Musik. Das Johann-Strauß-Denkmal (von Edmund Keller 1923 erbaut) im berühmten Stadtpark an der Ringstraße, der 1862 angelegt wurde.

Seite 88, unten, und Seite 89:
Wien, wie es die Welt gerne sieht: Mit «Wein, Weib und Gesang». Die einst stillen Heurigenlokale sind leider schon oft der Geschäftigkeit des Fremdenverkehrs geopfert worden. Doch es gibt sie auch noch, die alten gemütlichen «Heurigen»; man muß sich nur ein «bisserl» Zeit nehmen, sie zu suchen.

Seite 90, oben:
Die «neue Reichsbrücke» über die Donau, die das alte Wien mit den neuen Siedlungsgebieten nördlich des Stromes verbindet. Die Donau fließt heute nicht mehr, wie etwa in Budapest oder in Passau, mitten durch die Stadt. Was der Besucher gelegentlich für die Donau hält, ist in Wahrheit nur der schmale Donaukanal, ein regulierter Hauptarm.

Seite 90, unten:
Bei aller weltweiten Aufgeschlossenheit ist die Stadt immer wieder ein wenig sentimental. Neben den Getreidesilos des Hafens der Friedhof der Namenlosen, in dem unbekannte Opfer der Donau beerdigt wurden und der von vielen Wienern selbstlos gepflegt und betreut wird. Am Allerseelentag bleibt kein Grab ungeschmückt.

Seite 91:
Zweimal, 1529 und 1683, versuchten die Türken erfolglos, den Wienern ihre Herrschaft und den Islam aufzuzwingen. Zumindest der Glaube ist in Gestalt des neuen Islamischen Zentrums zurückgekehrt, des größten außerhalb der islamischen Welt. Im Hintergrund Gebäude der 1979 eingeweihten UNO-City – Religion und Politik ganz nah beieinander.

Seite 92:
Donauhafen Wien. Der Handelskai erstreckt sich auf einer Länge von etwa 5 Kilometern und dient den durchziehenden Schleppern als Anlegeplatz.

FRANCISCVS · IOSEPHVS
NOVI · PALATII · ALAM
EXSTRVXIT · A · D · MCMVIII
Prinz Eugen
der edle Ritter

stigten Kaufmannssiedlung das frühmittelalterliche Wien. Als wichtiger Handelsplatz und als Babenbergerresidenz gewann die Stadt rasch an wirtschaftlicher und politischer Bedeutung.

Im 13. Jahrhundert zählte Wien neben Köln, Augsburg und Nürnberg zu den bedeutendsten Städten des Reiches. Wien war eine deutsche Stadt. In dieser Zeit entstand der älteste Teil des Stephansdomes (1147 geweiht), an dessen Ausbau später auch der Böhmenkönig Ottokar und der ungarische König Matthias Corvinus nicht unwesentlich beteiligt waren. Es wurden das Schotten- und Minoritenkloster gegründet sowie der Neue und der Hohe Markt errichtet. Auch die heutige Kärntner Straße war in ihren Ansätzen bereits vorhanden. Es wohnten etwa zwanzigtausend Menschen in der Stadt.

Aus Flandern kamen Tuchmacher, aus Franken Goldschmiede; und durch die Heirat babenbergischer Herzöge mit byzantinischen Prinzessinnen wurde der Bogen des Wiener Universalismus quer durch Europa gespannt. 1246 fiel der letzte Babenbergerherzog Friedrich II. im Kampf gegen die Ungarn, und nach einigen Jahren des Interregnums kam die Stadt 1251 unter die Herrschaft des Böhmenkönigs Przemysl Ottokar II., der 1278 dem deutschen König, dem Habsburger Rudolf I., in der Schlacht auf dem Marchfeld unterlag und von persönlichen Feinden ermordet wurde. Rudolf zog die österreichischen und steirischen Besitzungen Ottokars als erledigte Reichslehen ein und begründete damit seine eigene Hausmacht im oberen und mittleren Donauraum.

Unter dem Habsburgerherzog Rudolf IV. – die römisch-deutsche Kaiser- und Königskrone war inzwischen an die Luxemburger gegangen, die als böhmische Könige auch in Prag residierten – erlebte Wien im 14. Jahrhundert eine neue wirtschaftliche und kulturelle Blütezeit. 1365 wurde die Alma Mater Rudolfina, nach Prag (1348) die zweite deutsche Universität nördlich der Alpen, gegründet.

Im 15. Jahrhundert verlor Wien seine dominierende Rolle im Fernhandel. An die Stelle der Wiener Kaufleute traten die großen deutschen Handelshäuser der Fugger und Welser, bei denen die habsburgischen Kaiser und Fürsten oft tief in der Kreide standen. Die politische und wirtschaftliche Kraft der Stadt war geschwächt. Der Ungarnkönig Matthias Corvinus nützte diese Chance und eroberte 1485 Wien, das bis zu seinem Tod im Jahre 1490 Residenzstadt des ungarischen Königreiches blieb. Das war der Beginn der ungarischen Präsenz in Wien, die Maria Theresia später erheblich verstärkte.

Der erste Habsburger aus der spanischen Linie, Ferdinand I., erfreute sich bei den Wienern keiner großen Beliebtheit. Er setzte 1529 der städtischen Selbstverwaltung ein Ende und zeigte auch sonst wenig Verständnis für die Anliegen der Wiener Bürger. Mit Ferdinand, der selbst kaum Deutsch sprach, kamen starke spanische, französische und burgundische Kultureinflüsse nach Wien.

Die Reformation erreichte Wien schon zu Beginn des 16. Jahrhunderts und fand vor allem beim Bürgertum und dem deutschen Adel großen Anklang. Sie diente den «Deutschen» als politische Waffe gegen den katholischen «Spanier» Ferdinand. Doch Adel und Bürgertum konnten sich nicht durchsetzen. Die von Ferdinand II. eingeleitete militante Gegenreformation nahm von Wien ihren Ausgang. Er ließ zahlreiche ausländische Orden zwecks Rekatholisierung ins Land rufen, und die deutsche Bevölkerung wurde durch Ausweisung und Auswanderung der Protestanten empfindlich geschwächt. Spanische, französische und italienische Barone und Grafen – und in ihrem Gefolge Künstler, Architekten, Waffenschmiede, Wissenschaftler und Geistliche – traten an Stelle des deutschen Adels. Die Wiener Palette bekam neue Farben.

1683 berannten die Türken die Stadt. Sie hielt dem Ansturm stand und wurde von einem Reichsheer unter der Führung des Polenkönigs Sobieski befreit. Der aus Frankreich stammende Prinz Eugen drängte die Türken bis nach Belgrad zurück, und in Wien begann eine neue geistige und kulturelle Epoche: Gotik und Renaissance wurden durch den Barock abgelöst. Nicht zuletzt auch als architektonischer und künstlerischer Ausdruck des Sieges der katholischen Christen über Türken und – Protestanten. Unter den Barockherrschern Leopold I., Karl VI. und Maria Theresia wurden auch außerhalb der heutigen Innenstadt großartige Schlösser und Palais errichtet; mit Schönbrunn und dem Belvedere sind nur die beiden wichtigsten erwähnt.

Wien, Ferdinandsbrücke über den Donaukanal nach einer Zeichnung von Jakob Alt. Im Vordergrund türkische Kaufleute, die im Wien des 19. Jahrhunderts zahlreich vertreten waren.

Die Wellen der Französischen Revolution verebbten in Wien, ohne das System zu gefährden. Im Gegenteil, die französische Bedrohung zwang Kaiserhaus und Stadtbürgertum zu einer politischen Einheit, die seit Ferdinand I. nicht mehr gegeben war. Napoleon besetzte die kaiserliche Haupt- und Residenzstadt 1805 und 1809. Nach den «Franzosenkriegen» fand in Wien 1815 der Wiener Kongreß statt, der zu einer Neuordnung Europas führen sollte, im Prinzip aber nur den Interessen der Herrscherhäuser diente. Zu dieser Zeit begann die erste Industrialisierungswelle. 1829 wurde die Donau-Dampfschiffahrts-Gesellschaft gegründet, 1836 mit dem Bau der ersten Eisenbahnlinie begonnen. Sie führte nicht nach Linz oder Graz, sondern in nordöstlicher Richtung, in die neuen mährischen Industriegebiete. Über diese erste Bahnlinie kamen viele Tschechen nach Wien und durchsetzten die Bevölkerung so stark, daß man heute noch sagt, jeder echte Wiener müsse zumindest eine tschechische Großmutter haben. Gegen Ende des 19. Jahrhunderts suchten auch viele Italiener, Polen, Kroaten und Griechen in Wien eine neue Heimat; der Zuzug aus den deutschsprachigen Ländern war erst um die Jahrhundertwende besonders stark.

Im Biedermeier, in der Zeit zwischen dem Wiener Kongreß und dem Revolutionsjahr 1848, erreichte das geistige und kulturelle Leben

trotz polizeistaatlicher Knebelung durch das Metternichsche System ein beachtlich hohes Niveau: Die österreichische Akademie der Wissenschaften wurde gegründet; zu den ersten vierzig Mitgliedern gehörten neben den Deutschösterreichern auch Slawen, Magyaren und Italiener. Mit dem Wiener Biedermeier sind u. a. auch die Namen Franz Grillparzer, Adolf Bäuerle, Ferdinand Raimund und Johann Nestroy mit der Literatur und mit der Musik Ludwig van Beethoven, Franz Schubert, Joseph Lanner und Johann Strauß Vater eng verbunden.

Macht und wachsendes politisches Selbstbewußtsein des Bürgertums führten im Revolutionsjahr 1848 zur bewaffneten Auseinandersetzung mit dem Herrscherhaus. Nach einigen Anfangserfolgen brach der Aufstand jedoch unter den Kugeln der kaiserlichen Truppen zusammen.

1857 genehmigte Kaiser Franz Joseph I. die Schleifung der Basteien und die Verwendung der Glacien – welche die Vorstädte von den Mauern der Stadt auf Schußweite trennten – als Baugründe. Damit begann eine stürmische Stadterweiterung, die mit der inzwischen weltberühmt gewordenen Wiener Ringstraße ihren architektonischen Höhepunkt erreichte.

Nach dem Zusammenbruch der Donaumonarchie wurde Wien zur Hauptstadt eines Kleinstaates, deren Einwohner ein Drittel der Gesamtbevölkerung des Landes ausmachten. Doch gerade in dieser schweren Zeit löste sich Wien aus der jahrhundertelangen kaiserlichen Bevormundung und setzte durch seinen sozialen Wohnungsbau neue Maßstäbe in der städtischen Architektur. Das Geistes- und Kulturleben der zwanziger Jahre erhielt durch die vielen Emigranten aus den Nachfolgestaaten der alten Monarchie neue Impulse. In den dreißiger Jahren führten Wirtschaftskrise und Bürgerkrieg zur Stagnation, und nach dem 1938 erfolgten Anschluß Österreichs an Deutschland wurde Wien zur «Gauhauptstadt». Im Frühjahr 1945 wurde Wien von der Roten Armee eingenommen und von den vier alliierten Mächten (USA, UdSSR, Großbritannien, Frankreich) besetzt.

Nach dem Abschluß des österreichischen Staatsvertrages im Jahre 1955 erlebte Wien einen wirtschaftlichen Aufschwung wie nie zuvor. In Wien wurde der «Eiserne Vorhang» überwunden, und die Stadt hat sich auf eine neue Funktion besonnen, die jedoch nur aus der alten Tradition des Vielvölkerstaates denkbar ist: Mittler und Treuhänder einer gesamteuropäischen Zusammenarbeit zu sein.

Das «Lusthaus» zählt auch heute noch zu den beliebten Ausflugszielen der großen Aulandschaft des Wiener Praters. Das Vergnügungsviertel ist nur ein winziger Teil davon.

Eine Stadt mit drei Namen

Bratislava, Pozsony und Preßburg, drei Namen für eine Stadt. Mit annähernd dreihunderttausend Einwohnern ist Bratislava die drittgrößte Stadt der Tschechoslowakei und Hauptstadt der autonomen slowakischen Republik. Bis 1918 war Bratislava als Pozsony eine der wichtigsten und bedeutungsvollsten ungarischen Städte. Für die überwiegend deutsche Bevölkerung der Stadt (1880 waren es 63 Prozent) hieß die Stadt Preßburg. Nach der Vereinigung der Slowakei mit Böhmen und Mähren zur Tschechoslowakei (1918) nahm die deutschsprachige Bevölkerung rasch ab, sie betrug 1921 nur noch 28 Prozent und ist heute bedeutungslos geworden.

Dabei: Preßburg war von ihren städtischen Anfängen her – wie die meisten Donaustädte – eine deutsche Stadt. Aber ihr eigentlicher Gründer war ein Ungar, Stephan der Heilige, der sie um das Jahr 1000 mit bayerischen Kolonisten besiedelte. Die Grenzstadt an der Donau bekam 1217 das deutsche Stadtrecht, wurde 1405 königliche Freistadt und erlebte unter der Herrschaft von König Matthias Corvinus im 15. Jahrhundert eine wirtschaftliche und kulturelle Blüte. 1467 gründete Matthias Corvinus hier die erste ungarische Universität, an der zahlreiche deutsche und italienische Humanisten lehrten.

Ungarische Krönungsstadt an der Grenze Österreichs: Preßburg (im Mittelalter).

Am 17. Dezember 1526 wurde der in Spanien erzogene Erzherzog Ferdinand von Österreich (der spätere Kaiser Ferdinand I.) in Preßburg zum König von Ungarn gewählt. Damit kamen die deutschen Alpenländer sowie Ungarn und Böhmen gemeinsam unter die Herrschaft der Habsburger und blieben es bis zum Ende der österreichisch-ungarischen Monarchie im Jahre 1918. In Poszony wurde Maria Theresia 1741 zur Königin von Ungarn gekrönt, und hier appellierte sie – mit dem neugeborenen Joseph auf dem Arm – eindrucksvoll an den ungarischen Landtag, ihr im Kampf gegen den Preußenkönig Friedrich II. beizustehen.

Das Land um Preßburg war seit alters her von Slawen besiedelt, wobei Donau und March seit Jahrhunderten unverändert die Sprachgrenze bilden. Nach 1918 wurden die Sprachgrenzen zu Landesgrenzen zwischen der Tschechoslowakei, Ungarn und Österreich. Mit einer einzigen Ausnahme: Die Tschechoslowakei erhielt aus politischen und militärischen Gründen einen einige Dutzend Quadratkilometer umfassenden Brückenkopf am rechten Donauufer. Sie grenzt südlich der Donau somit sowohl an Ungarn wie auch an Österreich.

Im 9. Jahrhundert vereinigten sich die slawischen Stämme im Großmährischen Reich, das nach und nach auch böhmische, schlesische, polnische und ungarische Gebiete umfaßte. Es war ein frühfeudaler Staat, der eine hohe Zivilisations- und Kulturstufe erreichte und mit allen europäischen Staaten politische, wirtschaftliche und kulturelle Beziehungen unterhielt. Das Großmährische Reich stellte ein bedeutendes Gegengewicht gegen die Expansionsbestrebungen des Ostfränkischen Reiches dar, konnte sich aber gegen die ungarischen Angriffe nicht behaupten. Mit dem Zerfall des Mährenreiches wurde eine tausendjährige Entwicklung eingeleitet, die allmählich die Slowaken von den Tschechen trennte. Die slowakischen Stämme gelangten unter die ungarische Oberherrschaft, während sich die Tschechen schrittweise einen eigenen Staat schufen, der unter der Herrschaft der Przemysliden im 12. und 13. Jahrhundert die politische Entwicklung in Mitteleuropa stark beeinflußte.

Nach dem Aussterben der Przemysliden kamen die Luxemburger auf den böhmischen Königsthron, die die böhmischen Länder zur Basis ihrer Hausmacht und ihres Kampfes um das deutsche Kaisertum machten. Karl IV. erhielt 1355 die deutsche Kaiserwürde und vereinigte die deutsche und böhmische Herrschergewalt in seiner Person. Prag wurde zur glanzvollen Residenzstadt des Heiligen Römischen Reiches Deutscher Nation. Die gotische Kunst erreichte ihre Hochblüte. Die deutsche und die tschechische Sprache begannen nach und nach das Lateinische aus den Kanzleien zu verdrängen. In Karls Reichskanzleien wurde der Grundstein zur Bildung der deutschen Schriftsprache gelegt, deren endgültige Formung mit der Bibelübersetzung Martin Luthers ihren Abschluß fand. In der böhmischen Hofkanzlei wurde tschechisch gesprochen. Zur Entwicklung der tschechischen Schriftsprache trug der Magister Jan Hus bei. Er schuf eine neue Rechtschreibung, die in ihren Grundzügen bis zum heutigen Tag Anwendung findet.

Der Prager Universitätsgelehrte Jan Hus schuf aber auch jene religiös-soziale Reformbewegung, die die Ursachen des religiösen Verfalls in der Verweltlichung der Kirche erblickte und unter anderem eine Enteignung des gesamten Kirchenbesitzes verlangte. Jan Hus wurde zum Konzil von Konstanz (1414) vorgeladen, wobei man ihm freies Geleit zusicherte. Als er jedoch vor den versammelten Kirchenvätern seine Lehre nicht widerrief, wurde er des Ketzertums für schuldig befunden, zum Tode verurteilt und am 6. Juli 1415 öffentlich verbrannt.

Die Empörung über seine Hinrichtung führte zu den blutigen Hussitenkriegen, die erst nach jahrelangen Kämpfen zugunsten der kaiserlichen Truppen entschieden werden konnten. Was wichtiger war: Die Hussiten eröffneten die Epoche der europäischen Reformation, und sie brachen erstmals die weltliche Macht des Papsttums so nachhaltig, daß die römische Kurie nie mehr zu ihrer Allmachtstellung zurückfinden konnte.

In der Geschichte Preßburgs offenbart sich die Universalität des Donauraumes in seiner ganzen europäischen Breite. Die österreichisch-ungarische Monarchie umfaßte elf Völker, Deutsche, Magyaren, Polen, Tschechen, Ruthenen, Rumänen, Kroaten, Serben, Slowaken, Slowenen und Italiener, sowie eine Unzahl von Völkerschaften; angefangen von den ruthenischen Huzulen über die ungarischen Szekler bis zu den rätoromanischen Ladinern im italienischen Friaul.

Von den Völkern an der Donau siedelten nur wenige in national festgefügten Räumen; überall gab es Überschneidungen und Gegensätze, die im geistig-kulturellen Bereich zu jener auch heute noch fortwirkenden Kraft führten, die der Wiener Kulturhistoriker Friedrich Heer einmal als einen «geistigen Kontinent» bezeichnet hat.

Zur Völkervielfalt der Donaumonarchie kam noch die geistige Kraft der Religionen, die trotz der katholisch-apostolischen Stellung des habsburgischen Herrscherhauses nicht nur römisch-katholisch bestimmt waren. Es gab neben den römisch-katholischen auch noch unierte Katholiken, Protestanten, Calvinisten (besonders stark im ungarischen Königreich), orthodoxe Christen und in Bosnien und der Herzegowina zahlreiche Muselmanen.

Für den gesamten Donauraum liegt an der mittleren Donau auch noch eine andere geistige Nahtstelle, die ihn zu einem universellen europäischen Raum werden läßt: Hier an der Donau waren das West- und das Oströmische Reich über Jahrhunderte hinweg miteinander verzahnt. Wenn sich heute die kommunistischen Donauanrainer trotz politischer, wirtschaftlicher und militärischer Gleichschaltung durch die Sowjetunion unterschiedlich zu entwickeln beginnen, so sind die Ursachen dafür nicht zuletzt in der unterschiedlichen geistig-kulturellen Entwicklung der Länder und Völker dieses Raumes zu suchen. Die kommunistischen Systeme in Polen und Ungarn artikulieren sich anders als jene in Rumänien oder Bulgarien. Rom oder Byzanz, das ist auch heute noch eine eminent wichtige politische Frage; die römisch-katholischen Länder sind nicht so leicht in den atheistischen Griff zu bekommen wie die christlich-orthodoxen Völker. Das wird im Donaustaat Jugoslawien besonders deutlich, der im Kraftfeld beider Strömungen steht.

Bratislava im 19. Jahrhundert mit «Fliegender Brücke», dem Vorläufer der Rollfähre.

Unter der Herrschaft der Habsburger konnte sich bei allen Völkern des großen Reiches eine nationale Kultur entwickeln, die beispielsweise bei den Slowenen und Slowaken auch zur Formung einer eigenen Schrift- und Literatursprache geführt hat. In Preßburg wurde 1803 ein Gymnasium mit slowakischer Unterrichtssprache errichtet, an dem später der hervorragende slowakische Schriftsteller und Lehrer Ludevít Štúr unterrichtete. Die kaiserliche Regierung in Wien förderte diese sprachlichen Ambitionen und versuchte auch nie, das kulturelle Leben der einzelnen Völker zu germanisieren oder alle Untertanen zu einer einzigen Nation zu verschmelzen. Das gemeinsame Kulturbewußtsein entstand aus der Vielzahl der kulturellen Strömungen.

An dieser Entwicklung hatte nicht zuletzt jene Bevölkerungsgruppe einen starken Anteil, über die sich die Wissenschaft – und oft auch die Betroffenen selbst – bis heute nicht schlüssig ist, ob sie in der Monarchie den Nationalitäten oder den Religionsgemeinschaften zuzuordnen ist: die Juden.

Bis zum Revolutionsjahr 1848 war diese Zuordnung relativ einfach: Die Juden bildeten in den einzelnen Ländern eine religiöse Minderheit. Sie wurden als «Israeliten» nach ihrer Religionszugehörigkeit statistisch erfaßt und ethnisch jenen Völkern zugeordnet, deren Sprache sie sich bedienten. Bei den statistischen Erhebungen wurde in Österreich nach der Umgangs- und in Ungarn nach der Lieblingssprache gefragt; Jiddisch, ein spätes, auf Mittelhochdeutsch zurückgehendes Idiom, das in der Monarchie (aber auch in Rumänien und Bulgarien) eine weitverbreitete Verständigungssprache der Juden untereinander war, wurde offiziell nicht registriert.

Die Juden lebten in Gettos. Ihr sozialer Aufstieg außerhalb der Judenviertel war in der Regel nur durch die Annahme des christlichen Glaubens möglich. Nach der bürgerlich-liberalen Revolution von 1848 änderte sich diese Situation grundlegend; der jüdischen Bevölkerung wurde der Zugang zu den öffentlichen allgemeinen Schulen ermöglicht, und ab 1867 wurde sie – zumindest in der österreichischen Hälfte der Doppelmonarchie – allen übrigen Bürgern gleichgestellt.

Dennoch konvertierten damals viele intellektuelle bürgerliche Juden zum Christentum. Zahlreiche Liberale wurden gegen Ende des 19. Jahrhunderts Protestanten und fanden sich in ihrer Ablehnung des neuabsolutistischen Staates politisch eng mit den deutschnationalen Kräften des alten Österreich verbunden. Das jüdische Großbürgertum fühlte sich nicht nur in Wien, sondern auch in Prag, in Krakau, Lemberg, Cernowitz, ja selbst in Budapest dem deutschen Kulturkreis zugehörig. Der bekannte ungarische marxistische Kulturphilosoph György (von) Lukacs (1885–1971) war der Sohn eines angesehenen Bankdirektors, in dessen Elternhaus ausschließlich Deutsch gesprochen wurde. Lukacs selbst schrieb seine Werke in deutscher Sprache.

Einer der großen Männer der österreichischen Sozialdemokratie, der aus Prag stammende Victor Adler (1852–1918), war in seinen jungen Jahren dem Deutschtum mehr verbunden als seiner jüdischen Herkunft. Er war ein strammer deutschnationaler Burschenschafter, Protestant und – Antisemit. Gemeinsam mit dem aus Mähren stam-

Seite 101:
Wachturm am tschechoslowakischen Donauufer.

Seiten 102/103:
Bratislava, Pozsony (ung.), Preßburg (dt.): Drei Namen für eine Stadt. Die Völkervielfalt des Donauraumes wird hier ebenso deutlich wie die gemeinsame historische Vergangenheit. Im Hintergrund das alte Habsburgerschloß.
Der wirtschaftliche Aufstieg der Stadt ist auf die starke Industrialisierung zurückzuführen. Seit 1938 hat sich die Einwohnerzahl verdoppelt (von 135 000 auf 280 000). Bratislava hat den größten Donauhafen der Tschechoslowakei.

Seite 104, oben, und 105:
Komárom am rechten Donauufer war 1848/49 ein Zentrum der ungarischen Revolution und bis zur Grenzziehung 1918 mit dem heute tschechischen Komárno am linken Ufer vereint. Komárom ist ein bedeutender Umschlaghafen für Kohle und Erdöl.

Seite 104, unten:
Ungarisches Tragflügelboot rund 20 km stromabwärts von Bratislava. Die Donau – tschechisch Dunaj, ungarisch Duna – bildet von hier bis Esztergom die ungarisch-tschechoslowakische Grenze.

Seite 106:
Die Kathedrale von Esztergom (dt. Gran) ist das religiöse Wahrzeichen Ungarns. Die Stadt war Residenz der ersten ungarischen Könige und seit 1001 ein selbständiges Erzbistum. Der Dom wurde in der Mitte des vergangenen Jahrhunderts erbaut; in seiner Nähe befinden sich die Ruinen des romanischen Königspalastes von Béla III. und der Adalbertskirche.

Seite 107, oben:
Die von Béla IV. (1235–1270) begonnene Matthiaskirche (Krönungskirche) in Budapest wurde durch König Matthias Corvinus (1458–1490) in ihre heutige Form gebracht. Fast eineinhalb Jahrhunderte lang war sie eine türkische Moschee (von der Eroberung 1541 bis zur Vertreibung der Türken 1686). Frigyes Schulek gab der Kirche Ende des 19. Jahrhunderts wieder ihr gotisches Gepräge.

Seite 107, unten:
Reliquien des hl. Stephan, des ersten Königs von Ungarn, in der Matthiaskirche.

Seiten 108/109:
Budapest, die «Königin der Donau», liegt an der Stelle des spätrömischen Aquincum. Die Donau, hier zwischen 260 und 635 Meter breit und von mächtigen Brücken überspannt, trennt die beiden Stadtteile Buda (rechtes Ufer) und Pest. Im Bild links Burgviertel und Schloß.

Seite 110:
Die neue Elisabethbrücke ist ein technisches Bauwerk von bestechender Schönheit. Die Brücke erinnert an die habsburgische Kaiserin Elisabeth – Königin von Ungarn –, die Gemahlin Franz Josephs I., die in Ungarn auch heute noch sehr beliebt und geachtet ist. Im Vordergrund die Statue des Bischofs Gellért (Gerhard), der hier 1064 den Märtyrertod erlitt.

Seite 111, oben:
Herrlich ist der Blick von der 1901 anstelle der alten Basteien errichteten Fischerbastei auf den Stadtteil Pest. Im Hintergrund links die Kuppel des Parlementsgebäudes.

Seite 111, unten:
In den letzten Wochen des Zweiten Weltkrieges wurde Budapest schwer zerstört; im Burgviertel wurden an die 80 Prozent der Gebäude vernichtet. Der Wiederaufbau, der noch nicht beendet ist, erfolgt mit viel historischem und kulturellem Einfühlungsvermögen. Bild: Das Hotel Hilton, das architektonisch geschickt in die Ruinen des ehemaligen Dominikanerklosters eingefügt wurde.

Seite 112:
Auf der Fischerbastei, vor der Ostfront der Matthiaskirche, steht das von vier Löwen flankierte prachtvolle Reiterstandbild des großen ungarischen Königs Matthias Corvinus. Während seiner Herrschaft erlebte Ungarn eine Zeit kultureller Blüte. Der hochgebildete König holte zahlreiche ausländische Künstler, Schriftsteller und Gelehrte an seinen Hof und gründete die weltberühmte Bibliotheca Corvina.

30

VÖCSÖK
BUDAPEST

menden jüdischen Historiker Heinrich Friedjung (1851–1920) erarbeitete er ein radikal deutschnationales Programm. Durch den radikalen Antisemitismus der Großdeutschen wurden die deutschnationalen Juden allmählich in das Lager der Sozialdemokraten abgetrieben, wo viele zu führenden Persönlichkeiten heranreiften.

Während in den Städten das deutsch-jüdische (oder jüdisch-deutsche) Bürgertum sich in die Front der antihabsburgischen Kräfte einreihte, wurde bei den Ostjuden die Zugehörigkeit zur Monarchie – nach den Pogromen in Polen und Rußland – hochgeschätzt. Waren sie bisher der Willkür polnischer und ruthenischer Großgrundbesitzer rechtlos ausgeliefert gewesen, so wurden sie nunmehr erstmals vor dem Gesetz als gleichberechtigte Bürger behandelt.

Für sie und die ruthenischen Bauern wurde der Kaiser in Wien zum «guten Franz Joseph». «Man dichtete ihm», so David Bronson, «philosemitische Züge an und betrachtete ihn als Schirmherrn der Juden. Die innige Anhänglichkeit der galizischen Juden drückt sich in der hebräischen Bezeichnung ‹Kireh› aus, die sie einzig und allein auf seine Person anwendeten. Das Wort besteht aus den Anfangsbuchstaben von ‹Kaiser iarum Hodo›, das soviel bedeutet wie ‹Möge der Allmächtige seine Majestät erheben›.»

Die aus dem jüdischen Kleinbürgertum hervorgegangenen Beamten, Handwerker und Gewerbetreibenden bildeten neben der Armee, der Verwaltung und dem Hofadel ein wesentliches staatserhaltendes Element im alten Österreich. Sie waren, im Gegensatz zu ihren intellektuellen, großbürgerlichen Brüdern, zutiefst österreichisch und kaisertreu. Aus diesem Spannungsverhältnis entzündete sich nach dem Ersten Weltkrieg jener spezifische «Antisemitismus» des Wiener und Prager jüdischen Großbürgertums gegenüber den armen Verwandten aus dem Osten.

Um die Jahrhundertwende war die geistige Welt in der Donaumonarchie in ständiger Bewegung. Die jüdischen Denker, Schriftsteller und Künstler hatten an dieser geistigen Umwälzung einen nicht geringen Anteil. «Keine andere ethnische Gruppe», so der amerikanische Historiker Johnston, «hat soviele Denker von hervorragender Qualität hervorgebracht: Theoretiker wie Freud, Husserl, Kelsen, Wittgenstein, Mahler, ganz zu schweigen von den Schriftstellern wie Schnitzler, Kraus, Kafka und Roth. Zusätzlich zu diesen schöpferischen Genies stellten die Juden einen unverhältnismäßig hohen Anteil von produktiven Geistern in jeder Disziplin, ausgenommen der Ethnologie. In manchen Disziplinen, etwa auf dem Gebiet der Psychoanalyse, waren sie führend.»

Österreich-Ungarn war die Stätte eines ständigen Dialogs zwischen den einzelnen Völkern und Völkerschaften und den vielen geistigen Richtungen, wo jeder Erfolg schon allein aus der ethnischen Struktur des Reiches heraus einer internationalen Anerkennung gleichkam.

Die ethnischen und geistigen Gegensätze prallten in Wien, Prag oder Budapest hart aufeinander und zwangen alle Beteiligten zu einem geschliffenen, geistvollen und – trotz aller Schärfe – toleranten und integrativen Denken. Es gab keine geistige Einbahnstraße. Der Auseinandersetzung mit den Gedanken der katholisch-deutschen Philosophen Franz Brentano oder Othmar Spann stand jene mit den Werken der jüdischen Denker wie Martin Buber oder Hermann Broch gegenüber. Die allslawischen Ideen des tschechischen Reichsratsabgeordneten Karel Kramář oder des kroatischen Bischofs Josip Juraj Stroßmayer konnten im Geistesleben der Monarchie ebensowenig ignoriert werden wie das stürmische Drängen der Deutschnationalen nach einer großdeutschen Verwirklichung.

Man mußte sich mit der Idee des Rumänen Aurel Popovici auseinandersetzen, der sehr konkrete Vorstellungen über das gleichberechtigte Zusammenleben der Völker in seinem programmatischen Buch *Die Vereinigten Staaten von Großösterreich* zur Diskussion stellte, oder mit den Vorschlägen führender Sozialdemokraten zur Lösung des schwärenden Nationalitätenproblems.

Die Monarchie blieb unvollendet. Aus ihrem Geist sind jene gewaltigen Visionen entstanden, die bis heute nichts von ihrer weltweiten Faszination eingebüßt haben: Die Vision des aus Budapest stammenden Theodor Herzl von einem nationaljüdischen Staat und Richard Coudenhove-Kalergis Traum von einem Paneuropa, der nicht nur die Vereinigung der europäischen Länder zum Ziel hatte, sondern auch den konstruktiven Dialog zwischen Ost und West zur Wahrung des Friedens in Europa mit einbezog. Um die Erhaltung des Friedens ging es auch der aus Prag stammenden deutsch-tschechischen Adeligen Bertha von Suttner, die für ihren Roman *Die Waffen nieder* (1889) den Nobelpreis erhielt und den Grundstein für eine weltweite Bewegung im Kampf gegen den Krieg gelegt hat.

«Österreich-Ungarn ist nicht mehr», schrieb Sigmund Freud an einen Freund, «Anderswo möchte ich nicht leben. Emigration kommt für mich nicht in Frage. Ich werde mit dem Torso weiterleben und mir einbilden, daß er das Ganze ist.» Wie viele Menschen litt auch Freud unter dem Bruch der geistigen Integrität, der durch die Gründung von unabhängigen Nationalstaaten entstanden war. Damit war nicht nur ein Staat zerstört worden, sondern auch jene unvergleichliche Universalität und Internationalität des Geistes und der Kultur aufgesplittert worden, wie es sie in dieser Gemeinsamkeit nirgends sonst im Vorkriegseuropa gegeben hat.

Abendländisches Ungarn

Budapest, die Hauptstadt Ungarns, wird durch die Donau in zwei große Stadtteile geteilt; in das jüngere Pest an der linken Seite der Donau mit der beherrschenden Architektur des Ende des 19. Jahrhunderts erbauten Parlaments. Gegenüber, gekrönt von der Burg, der Fischerbastei und der alten Zitadelle auf dem Gellérthügel, die Altstadt Buda, die sich aus einer alten römischen Siedlung entwickelte.

Budapest war einst Residenzstadt eines mächtigen Königreiches an der Donau. Bis 1918 war Ungarn etwa dreimal so groß wie die heutige Volksrepublik. Damals, nach dem verlorenen Krieg, mußte das Land die Slowakei an die neugegründete Tschechoslowakei, Siebenbürgen an Rumänien, Slawonien an das neue Königreich Jugoslawien und einen Teil Westungarns an Österreich abtreten.

Heute hat Ungarn gut zehn Millionen Einwohner. Das sind etwa zwei Drittel des insgesamt auf fünfzehn Millionen geschätzten ungarischen Volkes. Nahezu fünf Millionen Ungarn leben verstreut in aller Welt; viele in Amerika, wo sie als Künstler, Wissenschaftler und Techniker einen guten Namen haben. Das Territorium Ungarns umfaßt rund 93 000 Quadratkilometer. Zwei Drittel des Landes liegen nicht einmal zweihundert Meter über dem Meeresspiegel, und Gebirge gibt es nur im Norden. Der höchste Berg ist etwas über eintausend Meter hoch. Alle ungarischen Flüsse münden in die Donau, die das Land in das westlich gelegene Transdanubien und in die Große Ungarische Tiefebene im Osten teilt. Glanzpunkt im Westen ist der Plattensee (Balaton), ein Steppensee mit rund 600 Quadratkilometern Wasserfläche und einer durchschnittlichen Tiefe von drei Metern. Die Große Tiefebene (Nagy Magyar Alföld) mit der unter Naturschutz stehenden Puszta von Hortobágy prägt das Landschaftsbild Ostungarns. Die Topographie Ungarns ist dennoch abwechslungsreich. Sie reicht von der malerischen Hügellandschaft im Westen über die weiten Buchen- und Eichenwälder im Nordosten bis zu den weiten Ebenen Ostungarns mit Pappeln und Ziehbrunnen und den hitzeflimmernden Sommertagen des kontinentalen Klimas.

Die Landesnatur des heutigen Ungarn ist industriefeindlich. Das Land ist deshalb mehr als jeder andere Ostblockstaat auf das Funktionieren des Comecon oder Rates für gegenseitige Wirtschaftshilfe (RGW) angewiesen. Mehr als fünfzig Prozent der benötigten Rohstoffe kommen aus der Sowjetunion. Gleichzeitig ist die Sowjetunion auch der größte Abnehmer für ungarische Erzeugnisse. Dazu nur ein Beispiel: Mehr als sechzig Prozent der medizinischen Geräte und der hochentwickelten Elektronik werden in die Sowjetunion geliefert.

Ungarn hat seine Wirtschaftspartner – notgedrungen – im Osten gefunden. Die politischen Folgen dieser Entwicklung, unterstützt durch einen vorsichtigen Kurs der Liberalisierung in der Innenpolitik, sind nicht zu ignorieren. Die Notwendigkeit der wirtschaftlichen Zusammenarbeit Ungarns mit der Sowjetunion und den anderen RGW-Staaten, zur Sicherung der eigenen Wirtschaft und der Vollbeschäftigung, hat bei der Bevölkerung unter anderem auch zu einer spezifischen politischen Bewußtseinsveränderung geführt, die selbst die meisten Ungarn noch vor einigen Jahren für undenkbar gehalten haben: Der Antisowjetismus stellt im heutigen Ungarn keine innenpolitische Komponente mehr dar.

Die Herkunft des ungarischen Volkes verliert sich in Legenden. Vor den Magyaren lebten auf dem Gebiet des heutigen Ungarn thrakische, illyrische und keltische Stämme. Die thrakischen Daker dehnten ihr Herrschaftsgebiet über das heutige Siebenbürgen bis zur Theiß aus, ehe sie unter römische Botmäßigkeit kamen. Zwischen Theiß und Donau wanderten die Jazygen mit ihren Viehherden; im Westen lebten die Bojer und zwischen Drau und Save illyrische Restgruppen, Kelten und Skordisker. Kaiser Trajan errichtete an der mittleren Donau die machtvolle Provinz Pannonien (sie reichte donauaufwärts bis Wien) und am Unterlauf die nördlich der Donau gelegene Provinz Dacia.

Mit der Völkerwanderung begann der römische Rückzug an der unteren und mittleren Donau. Zuerst drängten die Goten gegen die Grenzen des Reiches, dann folgten etwa zweihundert Jahre später die Hunnen, die ihre Herrschersitze vermutlich zwischen Donau und Theiß hatten. Von hier aus unternahmen sie ihre Raubzüge nach Westen und Süden. Nach dem Tod ihres großen Anführers Attila (453) verschwanden sie ebenso spurlos aus der europäischen Geschichte, wie sie hereingebrochen waren. Ihnen folgten Goten, Gepiden und Langobarden und schließlich das asiatische Reitervolk der Awaren in das Land zwischen Theiß und Donau nach. Die Awaren waren kriegerisch wie die Hunnen und beherrschten ein Gebiet, das von der Donaumündung bis zur Enns reichte. Sie waren nach den Römern das zweite Volk, das den Großteil des geopolitischen Donauraumes unter seine Kontrolle brachte. Gräberfunde der jüngsten Zeit geben Einblick in den hohen Kunstsinn der Awaren, die wie die Hunnen durchaus nicht jenes kulturlose, barbarische Volk waren, als das sie von einer späteren Geschichtsschreibung dargestellt wurden.

Im Gefolge der Awaren kamen slawische Stämme ins Gebirgs- und Hügelland Oberungarns (der heutigen Slowakei), Siebenbürgens und des heutigen Kroatien und Slawonien. Sie trieben Ackerbau und Viehzucht, waren geschickte Handwerker und galten als friedfertiges Volk. Die slawischen Stämme im mittleren Donauraum wurden 870 von dem mährischen Fürsten Swatopluk unterworfen, dessen Großmährisches Reich von der Elbe, Oder und Weichsel bis zur Drau und Save reichte. Das Christentum war unter den slawischen Stämmen weit verbreitet.

Wie ein Sturm fegte das Reitervolk der Ungarn (Magyaren) das Großmährische Reich hinweg. Es gibt über den Ursprung und die Urheimat der Magyaren keine schriftlichen Aufzeichnungen. Die Historiker sind bemüht, mit Hilfe der vergleichenden Sprachwissenschaft, der Ethnologie und der Archäologie die Herkunft der Magyaren zu klären. Nach den bisherigen Forschungsergebnissen gehören sie der finnisch-ugrischen Völkergruppe an. Das erste nachweisbare Gebiet, in dem die Vorfahren der heutigen Ungarn lebten, war ein Waldland zwischen dem Mittellauf der Wolga und dem Fluß Kama. Von hier wanderten sie im 2. Jahrhundert nach Christus allmählich gegen Süden, wo sie mit bulgarotürkischen Stämmen in Berührung kamen. Im 9. Jahrhundert gelangten die Magyaren an den Unterlauf des Don. Von den Petschenegen vertrieben, fanden sie zwischen Bug, Dnjestr, Sereth und Pruth (die bereits zum Einzugsgebiet der Donau gehören) eine neue Heimat. Doch seßhaft konnten sie im «Etelköz», im Zwischenstromland, nicht werden. Im Norden war das Kiewer Reich eine ständige Gefahr für die ungarischen Stämme, und im Süden schufen bulgarische Khane durch zahlreiche Eroberungszüge einen mächtigen Donaustaat. Vom Osten her drängten erneut die Petschenegen. Die Ungarn hielten dem Druck der Umklammerung nicht stand. Unter der Führung des Fürsten Arpád schlossen sie einen Bund und zogen gegen Westen. 896 überschritten sie den Karpatenpaß Verecke, unterwarfen die Slawen und ließen sich im Karpatenbecken nieder. Arpáds Stamm zog bis an die Donau, wo er auf der heutigen Budapester Donauinsel Czepel (einem der großen Industriegebiete der ungarischen Hauptstadt) seine erste Residenz errichtete. Diese Epoche der ungarischen Geschichte wird als Landnahme bezeichnet.

Budapest in der zweiten Hälfte des 19. Jahrhunderts.

Wie die Hunnen und Awaren begannen auch die Magyaren ihren Einbruch in die europäische Geschichte mit verheerenden Streif- und Raubzügen nach Deutschland, Italien und Griechenland. Sie hatten keine festen Wohnplätze, sondern lebten in Zelten. Ihr einziger Reichtum bestand in großen Viehherden, die sie stets mit sich führten. Erst die Schlacht auf dem Lechfeld (955) setzte ihren Eroberungszügen ein Ende. Sie wurden in das Gebiet ihrer Landnahme zurückgedrängt, wo sie unter der Führung von Fürst Géza und dessen Sohn Stephan dem Heiligen das Christentum annahmen und seßhaft wurden.

Am 27. März des Jahres 1000 schrieb Papst Sylvester II. an Stephan: «... daß, nachdem Du und sie (die Nachkommen Stephans, Anmerk. d. Verf.) mit der von Uns gesegneten Krone gebührend gekrönt sein werdet, Du und sie als Symbol des Apostels das Kreuz vor Dir und vor Euch hertragen lasset; und daß Ihr nach Belehrung der göttlichen Gnade die gegenwärtige und künftige Kirche Deines Landes an Unserer und Unserer Nachfolger statt leiten und regeln könnt.»

Damit war die staatliche Unabhängigkeit Ungarns ebenso für «alle Zeiten» dekretiert wie die Einheit von Kirche und Staat. An dieser Auffassung hat sich im Prinzip bis zum Zusammenbruch der Habsburger Monarchie, ja bis zur Ausrufung der Volksrepublik im Jahre 1948, nicht viel geändert. Die «heilige Stephanskrone» war das äußere Symbol der staatlichen Gewalt; daß sie vor einigen Jahren von den USA (wohin sie nach dem Krieg von Emigranten gebracht worden war) offiziell dem kommunistischen Regime in Budapest zurückgegeben wurde, war mehr als nur ein diplomatischer Akt der Höflichkeit. Es lag darin – unausgesprochen – auch die moralische Anerkennung des neuen Ungarn durch die US-Regierung.

Die friedliche Entwicklung des mittelalterlichen Ungarn wurde 1241/42 durch den Einfall der Mongolen unterbrochen. Die mongolischen Heerscharen überrannten das Land und verwüsteten es. Interne dynastische Probleme und die Gefährdung ihrer Nachschubwege durch russische Angriffe zwangen den Mongolenkhan Batu allerdings überraschend zum Rückzug. Noch unter der Regierung König Bélas IV. (1235–1270) setzte der erneute Aufbau des verheerten Landes ein.

Ende des 13. Jahrhunderts starb das Geschlecht der Arpáden aus, das über vierhundert Jahre in Ungarn geherrscht hatte. Viele ungarische Städte und Burgen verdanken ihre Entstehung und wirtschaftliche Blüte der Arpádendynastie.

1308 bestieg Karl Robert aus dem Haus der neapolitanischen Grafen von Anjou mit politischer Unterstützung des Papstes und der großzügigen finanziellen Hilfe italienischer Bankiers den ungarischen Thron. Unter seiner und seines Sohnes Ludwigs Herrschaft erstarkte das Land wirtschaftlich und politisch. Der königliche Hof von Visegrád stand den anderen Residenzen nicht nach. Die königliche Zentralgewalt wurde gefestigt, das Heer reorganisiert und der Goldbergbau in Siebenbürgen planmäßig ausgebaut: Deutsche Bergleute förderten jährlich fünfzehn bis sechzehn Doppelzentner Gold für die Schatzkammer der Anjous. Diese dehnten ihre Oberherrschaft auch auf Italien, Serbien, Bulgarien und zeitweise Polen aus und herrschten über ein Reich, das von der Adria zum Schwarzen Meer und bis zur Ostsee reichte. Nur der überraschende Tod Ludwigs I. hat die Entwicklung des ungarischen Königreiches zur Vormacht an der Donau zunichte gemacht. Fünf Jahre nach seinem Tod wurde sein

Schwiegersohn, der Luxemburger Sigismund, ungarischer König, der sich jedoch als römisch-deutscher Kaiser mehr mit dem Westen seines Reiches als mit Ungarn beschäftigte. Er wie auch seine Nachfolger auf dem ungarischen Thron schenkten der aufkommenden Bedrohung der Ost- und Südgrenze seines Reiches durch die Türken wenig Beachtung, die sich auf dem Balkan zum Angriff auf Europa formierten.

Gegen die drohende Türkengefahr organisierte der aus einer rumänischen Bojarenfamilie stammende János Hunyadi den erfolgreichen militärischen Widerstand der ungarischen Truppen und der gefährdeten Nachbarvölker. 1453 zog Sultan Mohammed II. mit einer gewaltigen Streitmacht von mehr als hundertfünfzigtausend Mann und dreihundert Geschützen vor Ungarns wichtigste Grenzfestung Nándorfehérvár (Belgrad). Der Papst rief zum Kreuzzug auf, doch nur wenige Fürsten folgten der Aufforderung. Dennoch gelang es Hunyadi mit unglaublicher Kühnheit und taktischem Geschick, die belagerte Festung zu entsetzen. Das Abendland bekam noch einmal eine Atempause. Das Mittagsläuten der Kirchenglocken erinnert in Ungarn noch heute an diesen entscheidenden Sieg, den Hunyadi nicht mehr festigen konnte; er starb wenige Wochen später an der Pest.

Der Stadtteil Pest, mit einer Schiffsbrücke mit Buda am rechten Donauufer verbunden. Von 1839 bis 1849 entstand hier die erste Donaubrücke (Kettenbrükke) in Budapest.

Im drohenden Schatten der türkischen Eroberer bestieg sein Sohn achtzehnjährig als Matthias Corvinus 1458 den Thron. Er war einer der hervorragendsten und vornehmsten Renaissancefürsten Europas. An seinem Hof befanden sich zahlreiche ausländische, hauptsächlich italienische Gelehrte, Schriftsteller und Künstler. Unter seiner Regentschaft erlebte die humanistische Kultur in Ungarn einen neuen Höhepunkt. Der König selbst war hochgebildet und die von ihm gegründete Bibliotheca Corvina wurde weltberühmt. Weniger erfolgreich war er in seiner Außenpolitik; er setzte sich die Eroberung Böhmens und Österreichs zum Ziel, die ihm jedoch nur vorübergehend gelang. Er residierte in Wien, wo er auch 1490 starb. Sein Gerechtigkeitssinn ist in Ungarn sprichwörtlich geblieben: «König Matthias ist tot, dahin ist die Gerechtigkeit», klagte das Volk.

Während der Türkenkriege kamen im 16. und 17. Jahrhundert weite Teile Ungarns unter direkte oder, wie in Siebenbürgen, unter indirekte osmanische Oberherrschaft. Nach der Befreiung des Landes durch die habsburgischen Feldherrn kam es 1687 zu einer der wichtigsten Zäsuren der ungarischen Geschichte: Der ungarische Landtag anerkannte die Erblichkeit der «heiligen Stephanskrone» durch die Habsburger. Damit war der Grundstein für das habsburgische Großreich an der Donau gelegt, das als Österreich-Ungarn bis 1918 bestehen sollte.

Die Magyaren von heute sind ethnisch kaum noch mit jenen der Landnahme verwandt. Nach vorsichtigen Schätzungen ungarischer Historiker waren an der Landnahme Ende des 9. Jahrhunderts etwa

Seite 121:
Die Zigeunermusik gehört in Budapest zum feststehenden Tourismusprogramm wie in Wien der «Heurige».

Seite 122, oben:
Die ungarischen Langhornrinder sind weltbekannt.

Seite 122, unten:
Schweinezucht wird in Ungarn, das einst von mächtigen Eichenwäldern bedeckt war, seit alters her betrieben. Schweinefleisch und Speck gehören zu der traditionellen ungarischen Küche.

Seite 123, oben:
Auf dem weiten Land ist in Ungarn die Welt noch heil geblieben. Die Gänse- und Ententeiche in den Dörfern mußten noch nicht Parkplätzen weichen.

Seite 123, unten:
Weltberühmt: Die scharfe ungarische Fischsuppe (Halaszle)*; die dafür verwendeten Fische (vor allem Karpfen) stammen aus sauberen Nebenflüssen der Donau oder von neu errichteten Fischteichen in der Puszta.*

Seiten 124/125:
Endloses Land: Die sich über etwa zwei Drittel des Landes erstreckende Große ungarische Tiefebene, an deren westlichen Rand die Donau zum gewaltigen Tieflandstrom wird.

Seite 126/127:
Landwirtschaftliche Produktionsgenossenschaften traten an die Stelle der ehemaligen adeligen Latifundien. In den kommunistischen Donauländern gibt es keinen privaten Großgrundbesitz mehr.

Seite 128:
Die ungarischen Nebenflüsse der Donau sind noch sauber. Der Verschmutzung der Donau wird durch den Bau von Kläranlagen entgegengewirkt.

siebzigtausend Urmagyaren beteiligt. Sie waren wie alle Wandervölker bei ihrer Seßhaftwerdung in ihrer ethnischen Substanz durch die bodenständige Bevölkerung ebenso bedroht wie durch die zahlreichen Völkerschaften, die sie im Laufe der Jahrhunderte assimiliert haben. Die «neuen» Ungarn wurden ausschließlich durch die ungarische Sprache zur Nation geeint und geformt. Zu den Hütern der ungarischen Sprache und damit zu den Wahrern der nationalen Identität zählten in erster Linie die Dichter und Schriftsteller. Die fast mystisch anmutende Verflechtung der Sprache mit dem Schicksal der Nation dürfte am tragischen Schicksal des ungarischen Volkes nicht unschuldig sein, war jedoch zugleich Garantie für sein Fortbestehen. Sie formte nämlich jenen stürmischen Nationalismus, der die Grenzen der politischen und wirtschaftlichen Realität mit dichterischer Kühnheit überschreitet und meist erst vor den Kanonen zur Besinnung oder zum Verharren kommt.

Auch als im Herbst 1956 Revolution und Konterrevolution das Land in ein Chaos stürzten, war der von den Schriftstellern geprägte Nationalbegriff das Fanal zum Aufstand gewesen. Der Aufstand war mehr als nur eine blutige Rebellion gegen ein unerträglich gewordenes politisches und wirtschaftliches System. Es war auch der empörte Aufruhr einer Nation, die seit ihrer Entstehung den Begriff der Freiheit über alles stellte. In Ungarn ist der persönliche Freiheitsbegriff zum politischen Ideal eines ganzen Volkes geworden. Ein Ideal, das kein Regime auf die Dauer negieren kann.

Der Aufstand von 1956 hat allen Beteiligten die Grenzen des Möglichen klargemacht. Als Staat hat Ungarn seine Rolle angenommen, die ihm durch die politischen Veränderungen nach dem Zweiten Weltkrieg und seine geopolitische Lage zugewiesen wurde. Wie seit tausend Jahren ist Ungarn auch heute wieder zum Grenzland geworden. Nur mit umgekehrten Vorzeichen: nicht gegen, sondern für den Osten. Und wie seit tausend Jahren liegt in der Grenzlage Ungarns auch seine Mittlerrolle; weil es ein Teil beider Seiten ist, weil es beide Seiten versteht.

Wer kennt die Völker, nennt die Namen...

Ab Budapest wird die Donau zum Tieflandstrom. Breit, mächtig und bedächtig macht sie sich auf ihren Weg nach Süden, entlang der weiten, fruchtbaren Lößhügel am rechten Ufer, bis sie sich gegen Jugoslawien zu scheinbar in den riesigen Auwäldern des Tieflandes verliert.

Die Donau erreicht das Herzland Ungarns, wo sich der Fremde, ohne die Landessprache zu beherrschen, nur schwer verständigen kann: die Große Ungarische Tiefebene. Hier ist das Volkstum ungarisch, die Sprache ist es auch, und dennoch leben auch in dieser «stockungarischen» Gegend keine «reinrassigen» Ungarn mehr. Das Tiefland ist zur Heimat vieler Völker geworden. Hier lagen irgendwo das Hauptlager des Hunnenkönigs Attila und die großen Ringburgen der Awaren, deren genaue Lage Historiker und Archäologen bis heute nicht eruieren konnten.

Die großen Plagen des Mittelalters – Pest, Malaria und Hungersnöte –, aber auch die eineinhalb Jahrhunderte dauernde Besetzung durch die Türken, hatten das Tiefland nicht nur entvölkert, sondern auch in eine Steppen- und Sumpfwildnis verwandelt. So wurde gerade dieses scheinbar rein ungarische Gebiet im Zuge der mehrmaligen Wiederbesiedlung am stärksten von allen ungarischen Landschaften von der inneren Migration erfaßt.

Zu den drei großen ethnischen Gruppen der Großen Ungarischen Tiefebene gehörten die Großkumanen, die Kleinkumanen und die Jazygen. Kumanen und Jazygen waren nach den Mongoleneinfällen im 13. Jahrhundert von König Béla IV. zur Wiederbesiedlung ins Land gerufen worden. Für den Wiederaufbau der Städte hatte er deutsche Handwerker und französische Baumeister ins Land geholt.

Die Kumanen erlangten später eine für die ungarische Geschichte nicht unwesentliche Bedeutung, als der damals erst sechzehnjährige König Ladislaus IV. der Kumane 1278 dem Habsburgerkaiser Rudolf I. rund fünftausend kumanische Bogenschützen für seinen Kampf gegen König Ottokar von Böhmen zur Verfügung stellte. Die kumanischen Reiter halfen dabei entscheidend mit, jene Dynastie in den Sattel zu heben, die den Magyaren nachher über Jahrhunderte schwer zu schaffen machen sollte. Ironie des Schicksals. Heute weiß man ziemlich sicher, daß die Hilfe Ladislaus' für Rudolf nicht so sehr politischen wie persönlichen Erwägungen entsprach. Er wollte sich dem Einfluß des ungarischen Adels und der Kirche entziehen, um im Kreise seiner heidnischen kumanischen Freunde zu leben, wo ihn auch mehrere Frauen erwarteten. Als man ihn dennoch zwang, Isabella von Neapel zu heiraten, ließ er sie in ein Kloster sperren und kehrte wieder zu den Kumanen zurück, wo er 1290 im Auftrag ungarischer Adeliger ermordet wurde.

Die Großkumanen lebten hauptsächlich im Komitat Szolnok, die Kleinkumanen zwischen Donau und Theiß und die iranischen Jazygen in der Umgebung von Budapest. Beide Völker sind schon im ausgehenden Mittelalter sprachlich und ethnisch völlig im Ungartum aufgegangen. Dennoch sind die kumanischen Vorfahren in der ungarischen Bevölkerung nicht zu übersehen: klein, gedrungen, mit starken Backenknochen. Die Nachfahren unterscheiden sich auch in der Religion und im Dialekt: die Kumanen sind Reformierte, die Jazygen Katholiken.

Zu den Bewohnern der Tiefebene gehören auch die sogenannten Heiducken, das Volk der Hajdúság, die durch ein generelles Adelsprädikat zu einer eigenen völkischen Gruppe wurden. Die Vorfahren der Heiducken – im Raum von Debrecen gibt es viele Ortschaften, die den Wortstamm Hadjú in ihren Namen führen – waren ungarische Hirten, die ihr Siedlungsgebiet östlich der Theiß hatten. Als der siebenbürgische Fürst Bocskai einmal dringend Soldaten brauchte, rekrutierte er die Viehtreiber der Puszta, und weil sie sich als tüchtige Soldaten erwiesen, verlieh er ihnen – rund neuntausend Mann – und ihren Familien taxfrei ein Adelsprädikat. Die Heiducken gründeten freie Städte wie Hadjúhadháza oder Hadjúszobosló.

Jenseits der Großen Tiefebene im inneren Karpatenbogen siedelten und siedeln die Szekler, ein ungarischer Stamm, der außerhalb der Grenzen des heutigen Ungarns lebt: im rumänischen Siebenbürgen. Man nimmt an, daß die Szekler mit den landnehmenden Ungarn in den Karpatenbogen kamen und hier zur Grenzsicherung zurückgelassen wurden. Für die Meinung, daß die Szekler unmittelbare Nachkommen der Hunnen seien, gibt es keine wissenschaftlichen Beweise. Ihr Name ist auf ihre Stammesorganisation zurückzuführen. Sie lebten in großen Familiengemeinschaften, die sich «Szék» nannten. Die Szekler haben als Minderheit inmitten einer rumänischen Umwelt viel mit den Siebenbürger Sachsen gemeinsam. Sie gehörten ab dem 12. Jahrhundert neben den Magyaren und den Sachsen zu den drei anerkannten politischen Nationen. Der große rumänische Teil der Bevölkerung Siebenbürgens hatte damals keinen Anteil an den politischen und religiösen Rechten und Freiheiten der drei privilegierten Nationen.

Die deutsche Kolonisierung Siebenbürgens begann unter König Géza II. (1141–1162), der *ad retinendam coronam*, zum Schutz seiner

Krone, deutsche Handwerker und Bauern ins Land rief. Die Siebenbürger Sachsen – wie sie nach den ersten aus Sachsen stammenden Bergleuten genannt wurden – kamen jedoch aus Mitteldeutschland, vom Niederrhein und insbesondere aus der Umgebung von Aachen und aus der Moselgegend. Die deutschen Siedler erwiesen sich als treue und verläßliche Untertanen der ungarischen Könige. Unter König Andreas II. (1205–1235) erhielten sie gemeinsam mit den Szeklern einen Freibrief, der ihnen unter anderem zusicherte, daß sich auf ihrem Land und in ihren Städten niemand ansiedeln durfte, der nicht zuvor als ihr Bürger aufgenommen worden war. Damit waren die Grundlagen für die Kontinuität der deutschen Besiedlung bis ins 20. Jahrhundert gegeben.

Dem Ansturm der Mongolen (1241/42) vermochten die ersten deutschen Städte nicht zu trotzen. Kronstadt (rumänisch Brasov), Hermannstadt (Sibiu) und Schäßburg (Shigisoara) fielen in Schutt und Asche. Der Großteil der deutschen Siedler kam ums Leben. König Béla IV. organisierte um 1242 das Land neu. Wieder kamen deutsche Handwerker und Bauern ins Land. Die Städte wurden neu aufgebaut. Die Siebenbürger Deutschen lebten ihr eigenes Leben und hielten sich aus allen politischen Streitigkeiten heraus, die im Laufe der Zeit zwischen Ungarn, Rumänen und Österreichern entstanden.

Durch ihre rechtliche Sonderstellung blieben die Siebenbürger Sachsen über Jahrhunderte von allen fremden Einflüssen verschont. Dies führte zwangsläufig zu einer geistigen Einengung. Ihre Sprachentwicklung blieb zurück – noch heute ist ihr Dialekt, das «Sächsische», ein Relikt aus dem Mittelalter, der die zweite Lautverschiebung nicht mitmachte –, und die strenge patriarchalische Form ihrer Gesellschaft währte bis zum Ende des Zweiten Weltkrieges.

Vor dem Zweiten Weltkrieg lebten in Siebenbürgen etwa vierhunderttausend Deutsche, die eine eigene nationale Kultur mit einer Tradition von mehr als sechshundert Jahren bewahrten. Unter dem strengen Patronat der evangelischen Kirche überdauerten sie auch die gewaltsamen Magyarisierungsbestrebungen. Die «Sachsen» hatten seit dem Mittelalter eigene deutsche Schulen und über Jahrhunderte hinweg das höchste Schulniveau Südosteuropas. Heute leben in Siebenbürgen noch etwa zweihunderttausend Deutsche, deren ethnische Existenz zwar durch Gesetze gesichert erscheint (Rumänien war das einzige Land des Ostens, aus dem die Deutschen nicht vertrieben oder ausgesiedelt wurden), deren Aufgehen im rumänischen Mehrheitsvolk wegen der industriellen und arbeitsteiligen Entwicklung des Landes aber nicht mehr aufzuhalten ist. Viele Siebenbürger Sachsen kommen im Rahmen der zwischen Rumänien und der Bundesrepublik Deutschland vereinbarten Familienzusammenführung in den Westen, wo sie rasch von der binnendeutschen Umwelt assimiliert werden.

Südlich von Mohács liegen am rechten Donauufer stattliche Dörfer, deren deutsche Architektur unverkennbar ist. Sie könnten ebensogut am Oberlauf der Donau zu finden sein. Deutsche Dörfer? Ja und nein. Als deutsche Siedlungen im 17. Jahrhundert gegründet, wurden die Bewohner nach dem Zweiten Weltkrieg von den Jugoslawen ausgesiedelt. Jetzt leben Serben, Montenegriner oder bosnische Familien hier, wo sie eine neue Heimat gefunden haben.

Das sind die deutschen Dörfer der Batschka und des Banat. Die einst geschlossenen deutschen Siedlungsgebiete wurden erstmals nach dem Ersten Weltkrieg zwischen Ungarn und Jugoslawien oder – wie im rumänischen Banat – zwischen Ungarn, Jugoslawien und Rumänien aufgeteilt. Die Deutschen an der Donau, in der Batschka und im Banat werden allgemein als Donauschwaben bezeichnet. In Ungarn leben etwa fünfzigtausend und im rumänischen Banat rund zweihunderttausend Deutsche. Die Deutschen in Ungarn haben sich mit dem liberalen System des ungarischen Kommunismus arrangiert; die Banater Schwaben warten auf ihr Ausreisevisum nach Deutschland.

Die Stadt Mohács zu Beginn des 19. Jahrhunderts. Hier begann und endete mit den Schlachten von 1526 und 1687 die türkische Bedrohung Europas. Typisch für diese Gegend: Die Schiffsmühlen.

Die Urbarmachung des Banat und der Batschka war eine Großtat deutscher Kolonisationsarbeit. Nach der Vertreibung der Türken aus Südungarn im Jahre 1699 waren weite Landstriche völlig entvölkert. Ehemals fruchtbares Ackerland blieb über Jahrzehnte, manchenorts über ein Jahrhundert unbewirtschaftet. In manchen Gegenden hatte der Boden seit der Schlacht von Mohács (1526) keine Pflugschar mehr gesehen. Unter Kaiser Karl VI. und Maria Theresia (1740–1780) wurden die ersten deutschen Kolonisten im verwüsteten Banat und der Batschka angesiedelt. Die Siedler stammten aus der Mosel- und Rheingegend und den Gebieten um die Städte Mainz und Heidelberg; später kamen sie auch aus Böhmen, Mähren und Hessen. Die letzte große Kolonisation erfolgte unter Kaiser Joseph II. (1780–1790).

Den Kolonisten wurde volle Gewissens- und Glaubensfreiheit zugesichert. Jede Familie sollte ein Haus mit Garten, genügend Acker und Weideland, Wirtschaftsgeräte, Zug- und Zuchttiere erhalten. Die Handwerker bekamen Werkzeug und für die Betriebsgründung fünfzig rheinische Gulden.

Das klang gut; aber die Wirklichkeit in den Sumpfgebieten und Steppen des Neulandes sah anders aus: Die Häuser mußten erst gebaut, die Äcker gerodet und die Sümpfe trockengelegt werden. Es gab keine Straßen und keine Ärzte. «Dem ersten der Tod, dem zweiten die Not und erst dem dritten ein kläglich Brot», das war der traurige Wahlspruch, mit dem die deutschen Kolonisten ihre Arbeit begannen. Ihr Fleiß und ihre Genügsamkeit haben im Lauf der Zeit aus der Wildnis eines der wirtschaftlich reichsten Gebiete des alten Ungarn – und auch des neuen Rumänien gemacht.

Temesburg (ungarisch Temesvár, rumänisch Timişoara) wurde zu einem bedeutenden Zentrum mitteleuropäischer Kultur. Oft wurde die Stadt an der Temesch «Klein-Wien» genannt, und die Temesvárer Bürger sind heute noch stolz darauf, daß sie bereits vor Wien das elektrische Licht als Straßenbeleuchtung eingeführt hatten. Es gab ein deutsches Theater, deutsche Schulen und ein reges kulturelles Leben, das erst zu Beginn unseres Jahrhunderts durch die Magyarisierungspolitik schrittweise erstickt wurde. Die Theater und deutschen Bildungsstätten wurden geschlossen, die Kinder mußten ungarische Schulen besuchen. Die katholischen Schwaben wurden auch über die Kirche und den ungarischen Klerus zum Magyarentum abgedrängt.

Die Zwangsmagyarisierung erreichte kurz vor dem Ersten Weltkrieg ihren Höhepunkt. Nach dem Krieg wurde der Anschluß Siebenbürgens und des Banat an das Königreich Rumänien allgemein begrüßt. Die Deutschen traten jedoch damit in einen neuen, nicht mehr mitteleuropäischen Kulturkreis ein, der sie bis heute – trotz aller gutgemeinten rumänischen Konzilianz und Gleichberechtigung – zu Fremden im Land ihrer Väter werden ließ; trotz deutscher Schulen, Theater, Zeitungen und Brauchtumspflege. Die Deutschen Rumäniens müssen auswandern, wenn sie mit ihrer ethnisch-kulturellen Besonderheit überleben wollen.

Dann gibt es im Tiefland, entlang der Donau und ihrer Nebenflüsse bis hin zum Schwarzen Meer noch eine andere große ethnische Gruppe, die man auch schon früher registriert, aber dennoch nie als ethnische Minderheit anerkannt hatte: die Zigeuner. In Ungarn leben heute noch etwa hundertfünfzigtausend Zigeuner; fünfzigtausend wurden während des Zweiten Weltkrieges in deutschen und ungarischen Konzentrationslagern ermordet. Während des letzten Krieges wurden in Rumänien einschließlich der Bukowina, Bessarabiens und der Süddobrudscha mehr als zweihundertfünfzigtausend Zigeuner registriert; 1956 waren es nur noch etwa hunderttausend. Wie viele tausend Zigeuner damals umkamen, kann man heute nicht mehr mit Sicherheit sagen. Ähnlich war die Situation in Bulgarien und Serbien. Das Sterben der Donauzigeuner in den Konzentrations- und Arbeitslagern hat die Welt bis jetzt noch nicht sonderlich berührt.

Nach dem Krieg wurden die Donau- und Balkanzigeuner erstmals als gleichberechtigte Bürger anerkannt; nicht jedoch in allen Ländern als nationale Minderheit. In Rumänien gelten sie als Rumänen, in Bulgarien als Bulgaren und in Serbien – zumindest nach der Verfassung – als Serben. Nur in Ungarn haben sie eigene Schulen und werden als nationale Minderheit behandelt und respektiert.

Die Donauzigeuner lassen sich nach ihren Lebensgewohnheiten in drei große Gruppen einteilen. Da gibt es die Musikzigeuner, die seßhaft sind und einer geregelten Arbeit nachgehen. Sie sind in Rumänien und Ungarn begehrte Interpreten der Volksmusik. Die Zigeuner haben jedoch die ungarische wie rumänische Musik nicht beeinflußt, wie das in der Vergangenheit mitunter behauptet wurde.

Zur zweiten Gruppe gehören die sogenannten Handwerkszigeuner. Es sind dies in der Regel Zigeunerfamilien, die sich mit Holzarbeiten beschäftigen, Ziegel schlagen und nebenbei auch privaten Handel im sozialistischen Staat treiben. Sie kaufen im einen Dorf, was es im anderen nicht gibt, und setzen die Ware dort mit gutem Gewinn ab. So profitieren sie von der Starrheit der staatlichen Versorgung. Die Handwerkszigeuner sind Halbnomaden, die jedoch oft längere Zeit in einem Dorf leben.

Die dritte Gruppe bilden die vagabundierenden Zigeunersippen, die keiner Arbeit nachgehen und durch ihr asoziales Verhalten den kommunalen Verwaltungen erhebliche Sorgen bereiten. Ihre Zahl ist gering geworden, und es ist sicherlich nur noch eine Frage der Zeit, bis auch sie seßhaft geworden sind.

In Ungarn, Rumänien und Bulgarien bemühen sich seit Kriegsende alle verantwortlichen Stellen beharrlich, die Zigeuner zu gleichberechtigten Mitbürgern zu machen. Die Schwierigkeiten bei der Seßhaftmachung der Zigeuner liegen weniger bei diesen selbst als vielmehr bei der Bevölkerung, die sich einer echten Gleichberechtigung widersetzt. Auch die jungen Leute haben dafür kein Verständnis. Die Mädchen wollen keinen Zigeuner zum Freund haben oder gar heiraten, und für die jungen Burschen haben junge Zigeunerinnen lediglich den Stellenwert von Prostituierten. Auch bei der übrigen Bevölkerung wird der Zigeuner noch immer am liebsten in einer untergeordneten Rolle gesehen.

Zigeunerkindern steht der Weg für alle Schulen offen; sie bekommen Stipendien wie die anderen. Es gibt für arbeitende Zigeuner die gleichen wirtschaftlichen und sozialen Bedingungen wie für die anderen Staatsbürger. Es wird nur eine einzige Gegenleistung verlangt: Seßhaftigkeit. Noch haben für viele Zigeuner die Sozialleistungen nicht die gewünschte Anziehungskraft, dafür ist ein Umerziehungsprozeß notwendig, der viel Zeit und Geduld braucht.

Das Leben der Donauzigeuner ist vom Gefühl bestimmt und von der Tradition; Kinderehen sind auch heute noch üblich. Die alten Familiengesetze, die überaus streng sind, gelten noch heute. Untreue und Prostitution werden hart bestraft. Die Zigeuner lieben ihre Freiheit, die keine politische, gesellschaftliche oder religiöse Freiheit ist, sondern eine archaische. Die letzte in unserem zivilisierten Europa.

Neu Moldova im Banat. Dieser Bergbauort war, wie das gesamte Banat, überwiegend von Deutschen besiedelt. (Anfang 19. Jahrhundert).

Seite 137:
Alte Bäuerin in der jugoslawischen Bačka (Batschka, benannt nach der alten Komitatsburg Bač im Zwischenstromland von Donau und Theiß. Bis 1945 war die Bačka Siedlungsgebiet der Donauschwaben). Ist diese alte Frau Ungarin, Serbin oder Deutsche? An der Donau (hier in Jugoslawien heißt sie Dunav) leben viele Völker, doch in ihrer Lebensweise unterscheiden sie sich kaum voneinander. Der Strom hat ihr gemeinsames Schicksal geprägt.

Seite 138, oben:
Er sieht aus wie ein Ungar, fühlt wie ein Ungar und lebt in der jugoslawischen Vojvodina. Seine Vorfahren waren Deutsche.

Seite 138, unten:
Frauen im Banat. Ihre Vorfahren wurden von Maria Theresia in den von den Türken verwüsteten Gebieten an der mittleren Donau angesiedelt. Sie kamen, wie die Neusiedler in der Batschka, aus Deutschland und sind als Banater Schwaben geschichtsbekannt geworden.

Seite 139:
Die großen Flüsse sind die Heimat der Wanderzigeuner. Man findet sie der Donau entlang von Budapest bis zum Schwarzen Meer.

Seite 140, oben:
Zementfabrik in Beocin, unweit von Novi Sad.

Seite 140, unten:
Novi Sad (Neusatz), einst eine Militärsiedlung um Petrovaradin, wurde 1748 von Maria Theresia zur königlichen Freistadt erhoben und gehörte bis 1918 zu Ungarn. Heute ist es die Hauptstadt und wirtschaftliches und kulturelles Zentrum der Vojvodina mit einer Universität und stark ausgebauter Industrie.

Seite 141, oben:
Petrovaradin (Peterwardein), die heißumkämpfte Festung in den Türkenkriegen am rechten Ufer, gegenüber von Novi Sad, zu dem es heute gehört. Seit 1699 bis zum Ende des Ersten Weltkrieges war es wieder im Besitz Österreich-Ungarns; 1918 wurde es jugoslawisch.

Seite 141, unten:
Die ehemalige Festung Kalemegdan mit einem sehenswerten Heeresmuseum ist einer der Hauptanziehungspunkte in Belgrad, der Hauptstadt Jugoslawiens und Serbiens.

Seite 142:
Vierzigmal wurde Belgrad (= Weiße Burg) im Laufe seiner zweitausendjährigen Geschichte zerstört und wieder aufgebaut. Im ehemaligen malariaverseuchten Sumpfgebiet am Zusammenfluß von Save und Donau liegt Novi-Beograd (Neu-Belgrad), ein Musterbeispiel großzügiger, supermoderner Stadtplanung. Hier wohnen fast 250 000 Menschen. Bild: Blick vom Festungshügel Kalemegdan nach Novi-Beograd.

Seite 143, oben:
Die Festung Kalemegdan, deren Mauern aus der Römerzeit stammen, als Belgrad Singidunum hieß, ist heute ein schöner Erholungspark. Von hier genießt man einzigartige Ausblicke. Rechts im Bild der «Siegesbote» des bekannten jugoslawischen Bildhauers Ivan Meštrović.

Seite 143, unten:
Donau und Save bestimmten die geostrategische Bedeutung der Stadt. Schon zur Römerzeit war hier eine starke Flotte stationiert.

Seite 144, oben:
Die einst gefürchteten Riffe und Stromschnellen der Donau wurden durch den zweihundert Kilometer langen Rückstau des Kraftwerkes «Eisernes Tor» überflutet. Hier in der Kazanenge (Kazan = Kessel) liegen die frühere Straße und Eisenbahn etwa fünfzig Meter unter dem Wasserspiegel.

Seite 144, unten:
Rumänische Wachposten an einer ehemaligen Relaisstation am Eisernen Tor. Die Donau bildet hier die Grenze zwischen Jugoslawien (rechtes Ufer) und Rumänien.

Seite 145:
An die großartige technische Leistung der Römer erinnert die Trajanstafel, die infolge der gewaltigen Überflutung durch den Ausbau des Kraftwerkes «Eisernes Tor» um vierzig Meter gehoben werden mußte. Kaiser Trajan ließ hier im Jahre 103 n. Chr. eine Kunststraße anlegen und einen Kanal bauen.

Seite 146:
Eine großartige technische Leistung der Gegenwart ist das von Rumänien und Jugoslawien gemeinsam erbaute größte Donaukraftwerk «Eisernes Tor».

Seite 147, oben:
Riesige Schleusenanlagen ermöglichen die Aufnahme ganzer Schleppzüge. Die Wartezeiten wurden erheblich verkürzt.

Seite 147, unten:
Die untere Donau ist zur Domäne der sowjetischen, rumänischen und bulgarischen Schiffahrt geworden.

Seite 148:
Moldova Veche war früher eine wichtige rumänische Lotsenstation für die 130 km lange Kataraktenstrecke der Donau; das Eiserne Tor ist eigentlich nur der letzte Teil dieser Stromenge. Auch in Moldova Veche entwickelt sich die Industrie mehr und mehr.

6765
11033
11030
45201

TABULA TRAIANA

БРП
910038

BUCU
IZMA

NR 04410
NR 04410
ORSOVA

Belgrad, Stadt an Donau und Save

Ehrlich gesagt, ich hatte mir Belgrad viel erbärmlicher vorgestellt. Aber schon die Toiletten auf dem Bahnhof der serbischen Hauptstadt bekehrten mich. Ein riesiger Festtagesbetrieb auf den etwa zehn Bahnsteigen des Kopfbahnhofes. Mit einem Schlage ein neues Bild. Landvolk im Nationalkostüm sieht man nur selten, auch der Belgrader begafft es. Europa ist wieder Trumpf. ‹Er› orientiert sich in seiner Kleidung nach England, ‹sie› nach Paris. Eine Belgraderin in langer Mähne würde heute sofort als seltenes Museumstück beschlagnahmt, alles trägt vorzüglichen Bubikopf nach neuestem Schnitt.»

So beginnt ein Reisebuch über Serbien aus dem Jahre 1930. Und so oder ähnlich beginnen auch heute noch viele Reiseberichte über Belgrad, über Serbien – über Jugoslawien. Man orientiert sich an den Äußerlichkeiten, und wertet danach. Schade, denn dadurch werden die Völker Jugoslawiens in ein Licht gerückt, das ihrer historischen, kulturellen und – seit dem Bruch Belgrads mit Moskau – auch politisch-wirtschaftlichen Bedeutung für Europa nicht gerecht wird.

Belgrad liegt im Schnittpunkt zwischen Ost und West und war immer wieder das Ziel aller Eroberer, die den Balkanraum unter ihre Kontrolle bringen wollten. Wer Belgrad beherrschte, beherrschte auch den unteren Donauraum. Belgrad ist der nördlichste Punkt der Balkanhalbinsel. Die Stadt liegt im Zentrum der wichtigsten, kürzesten Verkehrswege, die das westliche, mittlere und östliche Europa mit dem Südosten, dem Mittelmeerraum, dem Mittleren Osten und Nordafrika verbinden. Schon seit dem frühen Altertum sind die Morava-Vadar- und Morava-Nisava-Maritza-Täler die wichtigsten Verkehrswege von Europa zum östlichen Mittelmeer und in den Nahen Osten.

Dank seiner Lage am Zusammenfluß zweier großer europäischer Ströme ist Belgrad geistig und kulturell auch mit jenen Ländern Mitteleuropas verbunden, die am Oberlauf von Donau, March, Theiß und Drau liegen: mit Bayern, Böhmen, Österreich, Ungarn und Polen. Von Belgrad aus greifen die historischen Kraftlinien bis an die Küsten der Adria und der Ägäis.

Belgrad, slawisch Beograd, bedeutet «Weiße Burg». Die Bezeichnung geht auf das mittelalterliche, türkische Stadtbild zurück, das von der gewaltigen Festung auf dem Kalemegdan und den vielen «weißen Moscheen und Minaretts» beherrscht wurde. Während der türkischen Herrschaft war der Anteil der Slawen an der Stadtbevölkerung gering, diese setzte sich vorwiegend aus Griechen, Levantinern, Armeniern und Juden zusammen, die unter dem Schutz des türkischen Paschas den Fernhandel zwischen dem Abendland und dem Orient betrieben. Zu Beginn des 19. Jahrhunderts lebten etwa zwanzigtausend Menschen in der Stadt, von denen kaum zehn Prozent slawischer Herkunft waren.

Für die bäuerliche serbische Bevölkerung war Belgrad fast eine verbotene Stadt, die sie nur tagsüber betreten durften, eine ferne Stadt und aus der Ferne eben eine weiße Stadt. Das ist ein Eindruck, den man auch heute vom neuen und modernen Belgrad gewinnen kann. Schon vom anderen Donauufer oder der ehemaligen österreichisch-ungarischen Grenzfestung Zemun aus wirkt sie nicht eintönig grau, sondern weiß. Und strahlend weiß liegt sie in der Sonne über dem Grau der Donau und Save, über dem satten Grün der unendlichen Auen, und ihre Türme, Kirchen und Hochhäuser verlieren sich im Blau des Himmels.

Heute hat Belgrad mehr als siebenhunderttausend Einwohner und ist eine Stadt der Museen und Theater, zahlreicher Industriebetriebe und ein Zentrum des jugoslawischen Handels. Es ist aber auch eine Stadt der Schulen. An den Hochschulen sind mehr als fünfzigtausend Studenten aus allen Landesteilen eingeschrieben. Vor allem aber – und darin unterscheidet sich das Belgrad der Vergangenheit von jenem der Gegenwart grundlegend – ist Belgrad heute die Stadt der hier geborenen und der aus Slowenien, Mazedonien, Kroatien, Serbien, Bosnien, der Herzegowina und aus Montenegro zugewanderten Menschen. Eine Stadt der Jugoslawen, eine jugoslawische Stadt – wahrscheinlich die einzige im ganzen Lande.

Auf der Balkanhalbinsel reichen die frühesten Spuren menschlicher Besiedlung bis in die Steinzeit zurück. Zahlreiche Funde aus den Anfängen des Neolithikums haben die Annahme bestätigt, daß die Bevölkerung der Balkanhalbinsel und hier im besonderen die Träger der Vinca-Durdas-Kultur südlich und nördlich des Eisernen Tores (an der Donau) durch eine langandauernde innere Evolution von sich aus die Voraussetzungen für den Eintritt in die Jungsteinzeit schuf, deren wirtschaftliche, gesellschaftliche und kulturelle Entwicklung später durch die verschiedenen Einwanderungswellen von Neolithikern aus Kleinasien – etwa im 5. Jahrtausend v. Chr. – noch beschleunigt wurde.

Während der Stein-Kupfer-Zeit (Aeneolithikum) haben sich im südöstlichen Teil der Balkanhalbinsel (an der unteren Donau) aus verschiedenen neolithischen Kulturen größere Kulturgebiete entwikkelt, die durch die intensive archäologische Forschung der letzten

Jahre weitgehend lokalisiert werden konnten. Sie decken in der Gesamtheit das Gebiet von Belgrad bis zum Schwarzen Meer und von den Karpaten bis zum Balkangebirge ab.

Tonfiguren, die in Vinča bei Belgrad – aber auch entlang der Donau im serbischen Lepenski Vir, im rumänischen Gumelnita oder im bulgarischen Ruse – gefunden wurden, geben schon recht präzise Auskünfte, wie diese ersten Menschen an der Donau gelebt haben. Sie leisten einen wertvollen Beitrag zur Erforschung der Ethnogenese der Balkanvölker und werfen ein bezeichnendes Licht auf das Aussehen der Menschen, die einst an der Schwelle von der Jungsteinzeit zum Metallalter an der unteren Donau lebten. Im bosnischen Butomir wurden Tonfiguren einer Art neolithischer «Nofretete» gefunden. Es ist anzunehmen, daß dieser kleinasiatische Rassentyp – wir finden ihn später auf den Wandmalereien der Paläste von Knossos (Kreta) und im thrakischen Grabmal von Kasanlak (Bulgarien) – in der Stein-Kupfer-Zeit überall entlang der unteren Donau vertreten war. Es ist ein Frauentypus, wie man ihn auch jetzt noch bei den Nachkommen vornehmer Familien in Bukarest ebenso findet wie in Sofia, Belgrad, Athen oder Konstantinopel: mit kühngeschwungener Nase, olivfarbenen Augen und blauschwarzem Haar.

Stadt und Festung Belgrad zu Beginn des 19. Jahrhunderts; die Stadt stand damals noch unter türkischer Herrschaft.

Das beachtliche Niveau, das dieser Mensch künstlerisch und kulturell erreicht haben muß, hinderte ihn nicht daran, kannibalische Praktiken oder Riten auszuüben, wie dies zerbrochene und zertrümmerte Schädel- und andere Knochenfunde im jugoslawischen Krapina oder im bulgarischen Russe beweisen. Manche Forscher vermuten, daß die an der unteren Donau gefundenen trepanierten Schädel nicht nur aus kultischen Gründen – um den bösen Geistern den Weg freizugeben – geöffnet wurden, sondern auch kulinarischen Zwecken dienten. Nun, die Geschichte hat seither in vielen Varianten bewiesen, daß sich Kunst und Kannibalismus nicht gegenseitig ausschließen müssen. Wie sehr der Steinzeitmensch an der unteren Donau ein denkendes und künstlerisch empfindendes Wesen war, beweisen die Skulpturen mannigfaltiger Idole: so eine sitzende Figurine aus Fases oder eine Terrakotta-Figurine aus Vinča, sitzende Figuren oder Vasen mit Gesichtsreliefen. In der frühen Steinzeit wurden diese Gegenstände ausschließlich aus Ton gebildet; in der Stein-Kupfer-Zeit fertigte man die dreidimensionalen Skulpturen vorwiegend aus Knochen, Marmor, Serpentin und in manchen Fällen sogar aus Gold. Viele dieser sensationellen Funde wurden erst bei den Bauarbeiten für das Kraftwerk am Eisernen Tor entdeckt und sichergestellt.

Von besonderer Bedeutung für die prähistorische Forschung ist der tönerne Kultwagen von Dupljaja, an dem eine Männerfigur in Frauenkleidung dargestellt wird. Der Wagen wird von Wasservögeln gezogen. Die außergewöhnliche, sensationelle Bedeutung des Fundes besteht darin, daß die Darstellung zur Gänze dem Apollonmythos entspricht. Die Ähnlichkeit zwischen dem griechischen Mythos und der Darstellung auf dem prähistorischen Wagen, der nachweisbar aus vorgriechischer Zeit stammt, weist darauf hin, daß an der unteren Donau eine Gottheit der Fruchtbarkeit verehrt wurde, wie dies ursprünglich auch Apollo war, deren Kult die Griechen möglicherweise übernommen und erweitert hatten.

Illyrer, Thraker und Kelten haben in Belgrad ebenso ihre Spuren hinterlassen wie die Römer, die die Stadt Singidunum nannten. Gegründet war die Siedlung an der Donau schon im 4. Jahrhundert v. Chr. von den keltischen Scordiskern. Sie war für die Kelten bei ihrer Ostexpansion, die sie über Bulgarien bis nach Kleinasien führte, ein wichtiger Stützpunkt. Die Römer befestigten den Ort; ihr Militärlager befand sich auf dem Kalemegdan, die zivile Stadt zu Füßen des Festungshügels. Die Stadt hatte munizipale Rechte, das heißt, sie verwaltete sich selbst. Im Hafen lag eine große römische Flotte.

Als das römische Imperium gegen Ende des 4. Jahrhunderts geteilt wurde, fiel Belgrad an das Oströmische Reich und wurde zur wichtigsten byzantinischen Festung gegen Westrom. Diese politische Zuordnung war für die weitere geschichtliche und kulturelle Entwicklung der Stadt von besonderer Bedeutung.

Dann kamen die Hunnen und zerstörten *Alba graeca*, wie die byzantinische Stadt genannt wurde. Nach dem mühsamen Wiederaufbau wurde sie kurze Zeit später von Gepiden, Sarmaten und anderen östlichen Reitervölkern erneut in Schutt und Asche gelegt. Im 5. Jahrhundert bemühte sich der oströmische Kaiser Justinian um eine planmäßige urbane und wirtschaftliche Entwicklung der Stadt. Als der Wiederaufbau beendet war, fielen die Awaren über die Donau ein und zerstörten Belgrad erneut bis auf die Grundmauern.

Die römisch-illyrische Bevölkerung flüchtete in den Süden. Byzantinische Truppen drängten die Awaren bis in die ungarische Tiefebene zurück, wo sie sie nicht weiter verfolgten und sich wieder zurückzogen. Sie räumten auch die Stadt und überließen sie ihrem Schicksal; so daß sie in den folgenden Jahrhunderten von Franken, Bulgaren und Ungarn erobert wurde.

Der slawische Name Beograd wird im 9. Jahrhundert erstmals in einer Chronik über den heiligen Klemens von Ochrid erwähnt. Damals kam Belgrad unter die Herrschaft der Bulgaren, deren erstes Reich bis zum Ochrider See und zeitweilig sogar bis an die Adria reichte. Auch für sie war die aus Stein errichtete Festung über dem Steilhang der Donau eine «weiße Stadt». Nach den Bulgaren kam Beograd wieder an Byzanz und schließlich an das ungarische Königreich.

Die Stadt blieb als wichtiger strategischer Punkt über Jahrhunderte unter fremder Herrschaft, wenngleich die Bevölkerung der Umgebung rein serbisch war. Erstmals kam Belgrad 1284 unter König

Dargutin für kurze Zeit in serbische Hand. Doch schon 1319 wurde es erneut von den Ungarn erobert, die es bis Ende des 14. Jahrhunderts behielten und zu einer machtvollen Festung ausbauten.

Nach der Schlacht von Ankara (1402) wurde Belgrad unter dem Fürsten Stefan Lazarević erneut zur serbischen Hauptstadt; er ließ die verwüstete Stadt wieder aufbauen. Handel und Wirtschaft blühten, und in alten Reiseberichten wird sowohl von westlichen wie auch östlichen Besuchern voll Überraschung von einer Stadt mit hohen, stattlichen Türmen, zahlreichen Kirchen und schönen Palästen berichtet. Man verglich das an die fünfzigtausend Menschen zählende Belgrad mit den schönsten europäischen und asiatischen Städten.

Nach dem Tod Lazarevićs fiel die Stadt erneut an die Ungarn (1427). Für das Osmanische Reich wurde Belgrad in den strategischen Plänen zur Eroberung Europas zum «Haus des heiligen Krieges gegen die Christen», und für Ungarn, die hier an Save und Donau stellvertretend für die christliche Welt des Abendlandes standen, war Belgrad «das Tor zum Orient».

Ein Jahrhundert lang war Belgrad unter ungarischer Herrschaft die wichtigste militärische Bastion gegen die Türken. Die Stadt wehrte in wahrhaft heldenmütigem Einsatz die zweimalige Belagerung durch Sultan Mohammed II. den Eroberer erfolgreich ab.

Erst Soliman dem Mächtigen gelang es 1521, die Stadt unter seine Kontrolle zu bringen. Für die Türken war damit der Weg in den Westen frei. Die Stadt wurde zum wichtigsten Ausfalltor gegen das christliche Europa ausgebaut – und sie wurde orientalisch. Von Belgrad aus stießen die türkischen Heere der Donau entlang bis nach Ungarn vor, wo sie 1526 bei Mohács das Ritterheer des jungen ungarischen Königs Ludwig besiegten. Drei Jahre später stand der Sultan erstmals vor Wien; nun erst begriffen die katholisch-christlichen Herrscher die tödliche Gefahr, die ihnen aus dem Südosten Europas drohte.

Das Jahr 1521 bedeutete für die Geschichte der Stadt eine tiefe Veränderung: Die Kirchen wurden zu Moscheen, der Kalemegdan zur türkischen Festung und Residenz eines Paschas, die Stadt zum Handelsplatz mit vielen Karawansereien. Belgrad wurde zur wichtigsten Handelsstadt auf dem Weg von Wien nach Konstantinopel. Es wurden die ersten Textilmanufakturen errichtet, und der Hafen wurde zum wichtigsten Getreideumschlagplatz an der unteren Donau. In der Mitte des 17. Jahrhunderts hatte Belgrad mehr als hunderttausend Einwohner.

In den Kämpfen zwischen dem Osmanischen Reich und der Donaumonarchie wechselte Belgrad im 17. und 18. Jahrhundert mehrmals den Besitzer. 1717 eroberte Prinz Eugen Belgrad und ließ den Kalemegdan zu jener mächtigen Festung ausbauen, wie sie sich heute trotz schattiger Parkanlagen noch in ihren Resten dokumentiert. Nach dem

Belgrader Frieden von 1739 mußte die Stadt mit geschleiften Festungswerken an die Hohe Pforte zurückgegeben werden, die sie – von geringen Unterbrechungen abgesehen – bis Ende des 19. Jahrhunderts in ihrem Besitz hielt. Das waren die dunkelsten Jahrhunderte der serbischen Geschichte; der geistige und kulturelle Kontakt mit Europa erlosch fast völlig.

Nach dem Ersten Weltkrieg wurde das Königreich der Serben, Kroaten und Slowenen gegründet. Belgrad wurde zur Hauptstadt Jugoslawiens. Doch das Mißtrauen zwischen den Völkern blieb auch im gemeinsamen Reich bestehen, besonders zwischen Serben und Kroaten. Das Land konnte weder wirtschaftlich noch politisch zu einer Einheit finden. Wie morsch dieses Staatsgebilde war, erwies sich nach dem Einmarsch deutscher Truppen im Jahre 1941. Das Königreich zerfiel innerhalb weniger Tage. Kroatien wurde ein eigener, «unabhängiger» Staat, Serbien erhielt eine deutschfreundliche Regierung, und ein Teil des Landes (das heutige Mazedonien) kam unter bulgarische Verwaltung. Slowenien wurde zwischen Deutschland und Italien aufgeteilt. Das Ende des südslawischen Staates schien für immer gekommen. Doch schon wenige Wochen nach der deutschen Besetzung – die mit einem Bombenangriff auf Belgrad eingeleitet wurde – formierten sich die ersten Partisanenverbände. Ein weithin unbekannter Kommunist namens Josip Broz organisierte den Widerstand und legte den Grundstein für ein neues Jugoslawien. Unter seinem Partisanen-Decknamen Tito ist er inzwischen der ganzen Welt bekannt geworden.

Belgrad ist wahrscheinlich die einzige europäische Stadt, die in ihrer Geschichte vierzigmal bis auf die Grundmauern zerstört und ebensooft wieder aufgebaut wurde. Vielleicht sollte man daran denken, wenn der Blick vom Burgberg des Kalemegdan über die Save hinübergeht, wo im Nebeldunst die taubenblaue, eigenwillige Skyline von Novi-Beograd auftaucht. Hier entstand im ehemaligen Sumpf- und Schwemmland zwischen Save und Donau eine neue Stadt für mehr als dreihunderttausend Menschen. Ohne fremde Hilfe. Gebaut aus eigener Kraft und getragen von der Hoffnung, daß die Stadt nie wieder durch Kriege zerstört werde.

Fünfhundert Jahre «türkisches Joch»

Beim Stromkilometer 702 erinnert am rechten bulgarischen Ufer in der Nähe des Dorfes Kozloduj ein großes Steinkreuz an ein für die bulgarische Geschichte bedeutendes Ereignis: Hier unternahm 1876 der bulgarische Freiheitskämpfer und Dichter Christo Botew den Versuch, seinen seit dem April verzweifelt gegen die türkischen Besatzungsgruppen kämpfenden Landsleuten zu Hilfe zu eilen. Botew, der mit einigen Getreuen im rumänischen Exil lebte, kaperte den österreichischen Dampfer *Radetzky* der Ersten Donau-Dampfschiff-fahrts-Gesellschaft und zwang den Kapitän des Schiffes, die als Gärtner getarnten Heiducken nach Bulgarien zu bringen. Seine todesmutige Gefolgschaft wurde aufgerieben, Botew fiel im Vracagebirge.

Auch im übrigen Land brach der Aufstand zusammen. Die Türken reagierten mit unvorstellbarer Grausamkeit auf den bulgarischen Befreiungsversuch. So auch in dem kleinen Rhodopenstädtchen Batak, das heute noch als die «Stadt mit den schwarzen Kopftüchern» bezeichnet wird. Die Kirche von Batak ist schlicht wie alle bulgarischen Kirchen. Doch in ihren Mauern lebt der Schauder eines unvorstellbaren Greuels: Sie wurde zum Grab für nahezu zweitausend Menschen, die sich nach der Erstürmung der Stadt hierher geflüchtet hatten. Es waren Greise, Frauen und Kinder, die hier grausam abgeschlachtet wurden. Heute ist die Kirche eine nationale Gedenkstätte, und die Schädel der Erschlagenen liegen in großen Sarkophagen.

Das Blutbad von Batak war das Fanal für die endgültige Befreiung Bulgariens vom fünfhundertjährigen «türkischen Joch». Zeitgenössische Schriftsteller und Journalisten berichteten darüber, unter ihnen auch Victor Hugo; die Öffentlichkeit in England, Frankreich, Deutschland und Österreich-Ungarn erregte sich in der Folge. Die allgemeine Empörung griff auch auf Rußland über, wo die großen Schriftsteller wie Leo Tolstoi, Iwan Turgenjew und Dostojewski Freiheit und Gerechtigkeit für die slawischen Brüder in Bulgarien verlangten.

Rußland setzte das erste Zeichen zur Befreiung; es erklärte dem Osmanischen Reich den Krieg. Gemeinsam mit rumänischen und bulgarischen Freiwilligen befreiten die Russen das Land und schickten sich an, auch die europäische Türkei zu erobern, um das Meerengenproblem am Bosporus zu lösen. Österreich und England, um ihren

Seite 157:
Seit 1972 trägt Turnu Severin den Beinamen «Drobeta», und so hieß es zur Zeit, als es römisches Municipium war. Heute ist Turnu Severin stark industrialisiert und einer der wichtigsten rumänischen Donauhäfen.

Seite 158:
Ab dem Eisernen Tor tritt die Donau in ihren letzten Streckenabschnitt ein. Das Gefälle bis zum Meer ist minimal, träge fließt die Dunărea – so der rumänische Name des Stromes – durch die oft bis zu 20 Kilometer breite Aulandschaft des rumänischen Ufers.

Seite 159:
Das flache rumänische Ufer ist kaum besiedelt, das bulgarische liegt höher und fällt etwa hundert Meter steil ab. Hier gibt es seit der Römerzeit wichtige Handelsorte, die jetzt zu großen Industriezentren ausgebaut wurden. So auch Lom, das an der Stelle der römischen Festung Almus an der Dunav (bulgarisch) entstand.

Seite 160, oben:
Das bulgarische Vidin am rechten Donauufer war eine der wichtigsten Donaufestungen der Türken und auch schon zur Römerzeit ein bedeutender Militärstützpunkt an der unteren Donau.

Seite 160, unten:
Tricule oder Trei Cule: Es sind insgesamt drei Ruinen türkischer Wachhäuser aus dem 16. Jahrhundert, die bei Stromkilometer 991 am linken (rumänischen) Ufer an die Türkenherrschaft erinnern.

Seite 161:
Nordbulgarien ist ein fruchtbares Bauern- und Weideland. Die Landwirtschaft ist zur Gänze verstaatlicht, bzw. vergenossenschaftet. Es gibt riesige Farmen, die von der Dorfbevölkerung gemeinsam bewirtschaftet werden. Lebten die bulgarischen Bauern bis zum Kriegsende noch in beispielloser Armut, so haben sie es inzwischen dank Kollektivierung und ihrer Tüchtigkeit zu einem bescheidenen Wohlstand gebracht.

Seiten 162 und 163:
Die Völker an der unteren Donau gehören dem orthodoxen Christentum an. In Rumänien ist die Religiosität der Bevölkerung größer als im benachbarten Bulgarien, wo das religiöse Leben während der fünfhundertjährigen Türkenherrschaft auf einzelne Klöster beschränkt bleiben mußte. Weltberühmt sind die rumänischen Klöster durch ihre kostbaren Fresken. Die Klöster, auch die Frauenklöster, haben wirtschaftliche Selbstverwaltung in der Art der landwirtschaftlichen Genossenschaften.

Seite 164:
Alte rumänische Holzkirche in der Nähe von Giurgiu.

NR
HORIA
NR HORIA
DRAGUSENI

Einfluß auf dem Balkan besorgt, ließen Rußland jedoch wissen, daß sie einen weiteren Vormarsch als feindseligen Akt ansehen würden. Rußland gab nach, und Bulgarien verlor die Chance, seine einstige Größe wieder zurückzugewinnen. Es wurde machtpolitischen Interessen fremder Länder geopfert. Im Norden an der Donau entstand ein selbständiges Fürstentum, während der Süden als autonome Provinz im Verband des Osmanischen Reiches blieb. Der langersehnte Traum, daß «Dadjo Iwan», Onkel Iwan, den bedrängten und geknechteten Bulgaren einmal zu Hilfe kommen würde, war jedoch Wirklichkeit geworden und damit war auch der Grundstein für die bulgarisch-russische Freundschaft gelegt.

Doch die Geschichte des bulgarischen Volkes reicht weiter zurück: In vorchristlicher Zeit war das Land um den Haemos, wie die Griechen das Balkangebirge nannten, von thrakischen Stämmen besiedelt. Als Homer sie in der *Ilias* mit dem glanzvollen Auftritt des thrakischen Helden Rhesos aus der Dunkelheit der Vergangenheit löst, nehmen die Thraker auch Gestalt in der griechischen Mythologie an.

«Das Thrakervolk ist nach den Indern das größte auf Erden. Wenn es nur einen Herrscher hätte und einig wäre, wäre es unbesiegbar und meiner Meinung nach weitaus das mächtigste Volk auf Erden», schreibt Herodot. Nicht zu Unrecht, und doch nicht ganz zu Recht, denn die thrakische Aufsplitterung in Dutzende von Stämmen, Völkern und Sippen hatte bei den Germanen eine nördliche Entsprechung. Aber von dieser wußte der Historiker aus dem kleinasiatischen Halikarnassos noch nichts. Für ihn lagen schon alle Länder nördlich der Donau in unerreichbaren Fernen: «Die Thraker sagen, daß jenseits des Istros Bienen hausen, ihretwegen sei es unmöglich, weiter vorzudringen.» Auch hielt Herodot das Land im Norden wegen der Kälte für unbewohnt.

Die Thraker betrieben Ackerbau, waren tüchtige Schmiede und galten bei den Griechen als hervorragende Pferdezüchter. Ihrer musischen Seele entsprangen die Gesänge des Orpheus, und der Dionysos-Kult war bei den Thrakern früher als bei den Griechen bekannt.

Während des Zweiten Weltkrieges entdeckten bulgarische Archäologen in der Stadt Kasanlak am Fuß des legendären Schipkapasses (wo die Entscheidungsschlacht zur Befreiung Bulgariens 1877 stattfand) in einem Erdhügel ein thrakisches Grabmal mit herrlichen, gut erhaltenen Wandmalereien, wie sie die Wissenschaft bis dahin im Original noch nicht kannte. Doch nicht nur Grabdenkmäler erhellen nach ihrer systematischen Erforschung den Kulturkreis der Thraker. Kostbare Goldschmiedearbeiten beweisen, daß Thrakien den Frühstätten europäischer Kultur zuzuzählen ist.

Die Römer erscheinen 168 v. Chr. an den Grenzen des thrakischen Raumes; sie stoßen aus der römischen Provinz Macedonia gegen die thrakische Küste an der Ägäis vor und erreichen 72 v. Chr. durch einen Vorstoß über das Balkangebirge die Donau. Von hier aus unterwerfen sie die griechischen Städte an der Schwarzmeerküste.

Die römische Herrschaft dauerte in Bulgarien bis ins 6. nachchristliche Jahrhundert. Dann drängten Goten, Hunnen, Slawen und Awaren in den brüchig gewordenen thrakischen Raum. Mitte des 7. Jahrhunderts erschienen die Urbulgaren (Reste eines Turkvolkes von der Wolganiederung) am Horizont der bulgarischen Geschichte. Ihr kühner Anführer hieß Asparuch. Er unterwarf und einigte die slawischen Stämme. Doch die Bulgaren assimilierten sich rasch mit den unterworfenen Stämmen und wurden von diesen aufgesogen. Sie nahmen Lebensformen und Brauchtum der Besiegten an und nicht zuletzt auch deren Sprache. Nach einer geschichtlich gesehen kurzen Zeit zeugte nur noch der Name «Bulgar» von der urbulgarischen Herkunft des Volkes rund um das Balkangebirge.

Rund ein Jahrhundert, bevor Karl der Große sein fränkisches Großreich schuf, schmiedete an der unteren Donau der Bulgarenkhan Krum (Chrum) die Voraussetzungen für das Erste Bulgarische Reich, das von der Theiß bis zum Schwarzen Meer und von der Mündung des Dnjestr bis fast an die Adria reichte. Ein solches Großreich mußte notgedrungen mit seinem Nachbarn Byzanz in Streit geraten.

Im Jahre 680 führte der byzantinische Kaiser Konstantin IV. einen Feldzug gegen die Bulgaren; er wurde besiegt und mußte 681 Frieden schließen und den jungen bulgarischen Staat anerkennen. Der Friedensschluß mit Byzanz gilt als Geburtsstunde Bulgariens. An die Zeit des Ersten Bulgarischen Reiches erinnern die Ruinen von Pliska und Preslaw und der in 23 Metern Höhe in eine Felswand gemeißelte «Reiter von Madara».

Die Bulgaren unter Khan Krum und seinen Nachfolgern waren heidnisch-barbarisch und ihre Sitten hart und grausam; doch ihre Kunst war, soweit wir das heute nach den spärlichen Funden schließen können, nicht ohne Größe. Mit zunehmender slawischer Vermischung zeichneten sich auch die Voraussetzungen für eine Christianisierung ab. Im September 865 nahm Zar Boris das Christentum an; Kaiser Michael von Byzanz stand ihm Pate. Bulgarien trat damit in den byzantinischen Kulturkreis ein.

Doch das friedliche Nebeneinander währte nicht lange. 1018 gerät Bulgarien nach wechselvollen Kämpfen unter byzantinische Herrschaft. Nach einem Jahrhundert erheben sich die Bulgaren, verjagen die Byzantiner und gründen unter der Führung der Brüder Assen aus dem nordbulgarischen Tirnowo das Zweite Bulgarische Reich, das bald dem ersten an Größe und Macht nicht nachstand.

Während sich zu dieser Zeit in den bulgarischen Landen Wirtschaft, Kunst und Kultur zu unvergleichlicher Höhe entwickelten, sammelte sich jenseits des Bosporus eine junge Militärmacht zum Sturm gegen Europa: die Türkei.

Am 17. Juli 1393 eroberten die Türken die Zarenburg von Tirnowo, die in zeitgenössischen Berichten jener von Byzanz gleichgestellt wird. Von dieser Zerstörung berichtete ein Mönch voll Schmerz: «Manche Christen enthaupteten sie mit dem Schwert, andere entführten sie in die Gefangenschaft, die übrigen starben einen frühen Tod ... ach, ein trauriges Bild bot sich den Augen! Die Erde war aller Güter beraubt, der Menschen, des Viehs und der Früchte.»

Eine furchtbare Leere lag über dem Land. Mit dem Fall von Tirnowo, dessen Burg uneinnehmbar geschienen hatte, erlosch der bulgarische Widerstand gegen die türkischen Eroberer. Fünfhundert Jahre dauerte die türkische Herrschaft; fünfhundert Jahre, in denen es den Bulgaren verboten war, Chroniken in ihrer Schrift zu führen, eine eigene Literatur zu entwickeln oder sich den schönen Künsten zu widmen. Es hieße die historischen Tatsachen verzeichnen, würde man die Türkenherrschaft in Bulgarien als eine ununterbrochene Schrekkensherrschaft ansehen. Die oft sinnlosen Grausamkeiten, die sich so unauslöschlich in das Bewußtsein des bulgarischen Volkes eingegraben haben, ereigneten sich vor allem während des Verfalls des türkischen Imperiums.

Fünfhundert Jahre dauerte für die bulgarische Bevölkerung das «türkische Joch», ehe sie 1878 von den Russen befreit wurden. Um die Festung Vidin (Bild) wurde hart gekämpft.

Für die Masse des bulgarischen Volkes, für die Bauern, trat nach der türkischen Eroberung keine wahrnehmbare Änderung in ihrem Leben ein. Sie waren vor dem Türkensturm genau so besitzlos und rechtlos gewesen wie nachher. Statt dem Zaren in Tirnowo regierte ein Beylerbey in Sofia, und die Gutsherren waren nicht mehr bulgarische Bojaren, sondern türkische Beys.

Für die Bauern war die Behandlung in den ersten zwei Jahrhunderten der Türkenzeit gerechter als unter den Bojaren. Die Türken brachten außerdem mit dem bis dahin unbekannten Anbau von Reis und Tabak neue Erwerbsquellen in die Landwirtschaft und damit den Bauern sogar eine geringe Verbesserung ihres recht armseligen Lebens.

Wenn auch nach dem mohammedanischen Rechtsbegriff die Christen völlig rechtlos waren – «eine Herde, die ‹Rahja›, für den Sultan» –, so erkannten die realistisch denkenden Türken doch recht bald, daß sie mit der fortschreitenden Expansion ihres Reiches nach Westen auf die Mitarbeit der Bulgaren nicht verzichten konnten. So privilegierten sie einige Berufe, zu denen sie als Soldaten- und Bauernvolk keine Beziehung hatten: Händler, Gewerbetreibende und Handwerker, die so zu Lieferanten für die türkische Armee wurden.

Während in Europa der kirchliche Dogmenstreit blutige Kämpfe verursachte, der Dreißigjährige Krieg Wirtschaft und Kultur lähmte und die türkischen Eroberer im Schatten dieser christlichen Uneinigkeit schrittweise alle Länder an der unteren und mittleren Donau unter ihre Kontrolle brachten, herrschten in Bulgarien durch das straff geführte System des türkischen Militärstaates Ruhe und Ordnung. Wenn die Bulgaren in späteren Zeiten oft als die «Preußen des Balkans» bezeichnet wurden (wegen ihrer Ordnungsliebe), dann ist dies sicherlich auch auf die militärische Zucht der Türken zurückzuführen.

Erst als das türkische Heer 1683 vor Wien seine entscheidende Niederlage einstecken mußte, änderte sich die Lage in Bulgarien schlagartig. Der Nimbus der Unbesiegbarkeit war zerbrochen, und damit auch die strenge Zucht und hohe Moral der Soldaten. Die Türken schienen ihren Niedergang zu ahnen und versuchten ihm durch verschärfte Unterdrückung der besetzten Völker zu begegnen. Bei den Bulgaren gärte, wenn auch nicht überall und in allen Kreisen, der Wille zur Freiheit. Kleine Aufstandsversuche, naiv in der Konzeption und unzulänglich in der Durchführung, brachten die nunmehr empfindlich gewordenen Türken in Harnisch. Türken und Bulgaren rieben einander heiß, bis es nach zweihundert Jahren – in Batak – zur entscheidenden Explosion des Hasses auf beiden Seiten kam. Diese zweihundert Jahre aber zählen zu den blutigsten der bulgarischen Geschichte.

Die Bulgaren sind den Russen als ihren Befreiern aufrichtig zugetan; andererseits haben sie aber auch – bis zum Ende des Zweiten Weltkrieges saßen deutsche Fürsten auf dem bulgarischen Thron – eine große Hochachtung und Wertschätzung für die Deutschen und das Deutsche. Doch obwohl während des Zweiten Weltkrieges der deutsche Einfluß sehr stark war, vermochten die deutschen Berater in Sofia den sonst so treuen Bundesgenossen nicht zum Krieg gegen die Sowjetunion zu bewegen. Bulgarien erklärte lediglich den USA und England den Krieg.

Während sich die königlich bulgarische Regierung gegen Kriegsende um einen Sonderfrieden mit den Westmächten bemühte, rief der in der Sowjetunion lebende Georgi Dimitrow, eine der profiliertesten Persönlichkeiten des internationalen Kommunismus, zur Gründung einer «Vaterländischen Front» und zum Kampf gegen die Deutschen auf. Am 5. September 1944 erklärte die Sowjetunion Bulgarien überraschend den Krieg und schuf sich damit den Vorwand, in Bulgarien einzumarschieren. Am 8. September überschritten russische Truppen die bulgarische Grenze und wurden von der Bevölkerung herzlich begrüßt. Die Sowjetunion behandelte Bulgarien als befreites und nicht als besiegtes Land. Am 9. September 1944 übernahm die «Vaterländische Front» die Macht, 1946 wurde die Monarchie abgeschafft und 1947 die Volksrepublik auch verfassungsmäßig verankert.

Nach dem Krieg wurde Bulgarien mit russischer Hilfe stark industrialisiert. Seit 1969 ist Bulgarien voll elektrifiziert, und zur Erzeugung elektrischer Energie durch Wasserkraft und zur Bewässerung dürregefährdeter Gebiete sind zahlreiche Stauseen angelegt worden. An der Donau entsteht bei Nikopol (gemeinsam mit Rumänien) ein großes Wasserkraftwerk, und 1980 waren bereits drei Atomkraftwerke in Betrieb.

Die Landwirtschaft ist zur Gänze vergenossenschaftet. Es gibt keine privaten Bauern. Seit 1970 befindet sich Bulgarien in einer Phase des Übergangs zu großen landwirtschaftlichen Produktionseinheiten mit agrarindustriellem Charakter. Bulgarien experimentiert auf diesem Gebiet für den gesamten Ostblock. Die neuen Agrarbetriebe umfassen zwanzig- bis dreißigtausend Hektar Boden, und die Durchschnittsgröße eines Getreidefeldes liegt bei zweitausend Hektar. Durch die insgesamt 170 Agrarindustriekomplexe soll auch die sozialökonomische Struktur des alten bulgarischen Dorfes verändert werden: Der Unterschied zwischen Stadt und Land soll allmählich abgebaut werden. Alle Berufe, die früher überwiegend nur in der Stadt ausgeübt werden konnten – vom Piloten (für landwirtschaftliche Flugzeuge) bis zum EDV-Spezialisten –, sind nun auch auf dem Land möglich geworden.

Auch auf dem Gebiet des Fremdenverkehrs war Bulgarien bahnbrechend für den Ostblock. Schon zu einer Zeit, in der eine Kommerzialisierung der Erholung in allen anderen kommunistischen Staaten noch aus ideologischen Gründen abgelehnt wurde, rüsteten sich die Bulgaren für einen «Fremdenboom» auch aus den westlichen Ländern. Die Schwarzmeerküste wurde erschlossen und zu einem einzigartigen Erholungsgebiet ausgebaut. Nach dem Meer werden nun auch die schneereichen Gebirge und die vielen Heilquellen in den Fremdenverkehr mit einbezogen. Der Fremdenverkehr ist in kurzer Zeit zum drittgrößten Wirtschaftszweig des Landes geworden.

Der einstige römische Donauhafen Durostorum wurde unter der türkischen Herrschaft als Silistre (bulg. Silistra) zu einem wichtigen Donauhafen mit stark orientalischem Gepräge, das bis in unsere Zeit erhalten geblieben ist.

Der «Pfeil im Körper der slawischen Völker»

Wenn ich die Landkarte ansehe», so notierte der damalige russische Außenminister Fürst Gortschakow in seinem Tagebuch, «so kann ich meinen Zorn nicht verbergen über die acht Millionen einer nichtslawischen Nation, die ein Pfeil im Körper der slawischen Völker sind und so ihre Vereinigung verhindern. Wenn es anstelle der Rumänen dort Serben oder Bulgaren geben würde, um wieviel leichter wäre die orientalische Frage zu lösen.» Wobei es den Russen damals nicht nur um die Lösung der «orientalischen», sprich Meerengenfrage am Bosporus gegangen ist, sondern ebensosehr um die Verwirklichung alter panslawischer Ziele, das heißt der Vereinigung aller slawischen Völker unter der Führung Rußlands. Der Einiger Italiens, Graf Cavour, bestätigte im selben Jahr die russischen Befürchtungen, als er erklärte: «... so ist die rumänische Nation ein nützliches Hindernis gegen die gefährliche Entwicklung des Panslawismus. Da der Panslawismus für den Westen ohne Zweifel eine Gefahr darstellt..., gibt es also kein größeres Interesse als inmitten der slawischen Völker eine Nation zu schaffen, die Sympathien für den Westen haben würde...»

Das war und das ist auch heute noch die geostrategische und geopolitische Sonderstellung Rumäniens im Donau-Karpaten-Raum und das Schicksal eines Volkes, das sich den romanischen Völkern Europas zugehörig fühlt. Auf dem Gebiet des heutigen Rumänien bewirkte die große indoeuropäische Völkerwanderung Ende des 3. Jahrtausends v. Chr. bedeutende Veränderungen in der Struktur der Völker, die in diesem Gebiet lebten. Die hier siedelnden thrakischen Stämme spielten in den Anfängen und der Entwicklung der Zivilisation der Bronzezeit eine bedeutende Rolle. In der Eisenzeit, die das ganze 1. Jahrtausend v. Chr. umfaßt, kam es zu einer ethnischen und sprachlichen Trennung von der südlich der Donau lebenden thrakischen Bevölkerung. Die auf dem Territorium des heutigen rumänischen Staates lebenden Thraker nannten sich Geten und Daker. Etwa 300 v. Chr. entstand nördlich der Donau eine lose Stammesvereinigung, die politisch und kulturell stark von den Skythen und Kelten beeinflußt wurde. Im 1. Jahrhundert v. Chr. schuf der Dakerfürst Burebista erstmals einen dakischen Staat, der entlang der Donau bis zur Morava im heutigen Jugoslawien reichte. Sein

Reich zerfiel nach seinem Tod (44 v. Chr.), wurde jedoch im 1. Jahrhundert n. Chr. durch König Dezebal wieder hergestellt. Doch auf die Dauer konnte er die Unabhängigkeit gegenüber den Römern nicht bewahren, die unter Kaiser Trajan (53–117) Dakien eroberten. Dezebal zog sich mit einigen seiner Getreuen in die dichtbewaldete Bergwelt der Karpaten zurück. Als er von römischen Reitern aufgespürt wurde, gab er sich den Tod.

Dezebal gilt dem heutigen Rumänien als historisches Vorbild. Er wird als einer der großen Ahnherrn des rumänischen Volkes bezeichnet, und als 1972 das gigantische rumänisch-jugoslawische Donaukraftwerk am Eisernen Tor eröffnet wurde, gedachte der rumänische Staats- und Parteichef Nicolae Ceaușescu durch eine Denkmalenthüllung in der Donaustadt Turnu Severin des dakischen Königs, der lieber starb, als sich der Fremdherrschaft zu unterwerfen.

Die rumänische Donaustadt Galați. (Galatz; Anfang des 19. Jahrhunderts). Im Vordergrund das bulgarisch-türkische Ufer der Donau mit türkischen, walachischen und deutschen Kaufleuten.

Freilich, und das ist das Paradoxe an dieser Epoche der rumänischen Geschichte und ihrer Interpretation, der Freitod des Dakerkönigs gab erst den Weg frei für die Romanisierung des Landes, die schließlich zur Bildung des rumänischen Volkes führte. Dakien kam 107 n. Chr. unter römische Herrschaft und blieb es bis etwa 250 n. Chr.; in dieser Zeit entstanden allmählich – mit dem Kernland innerhalb der heutigen Grenzen – das rumänische Volk und die rumänische Sprache. Durch die Völkerwanderung, als Goten, Hunnen, Gepiden, Awaren, Slawen, Bulgaren, Ungarn, Kumanen, Petschenegen und Tataren den unteren Donauraum verheerten, wurde – wie auch am Oberlauf der Donau – die staatliche Organisation zerschlagen. Die Hauptform sozialer Organisation des in Bildung begriffenen rumänischen Volkes war die Dorfgemeinschaft. Seine Christianisierung erfolgte etwa im 4. Jahrhundert. In historischen Quellen werden die Rumänen im 10. Jahrhundert erstmals als Wlachen oder Walachen bezeichnet.

Die rumänische Sprache, die ebenfalls im 1. Jahrtausend n. Chr. entstand, ist die direkte Weiterentwicklung des in den römischen Provinzen Dakien (Rumänien) und Mösien (Bulgarien) gesprochenen Vulgärlateins. Die rumänische Sprache ist in ihrem Kern romanisch, mit starkem slawischen Einfluß. Sie hat aber auch noch Elemente aus der dakisch-slawischen Zeit sowie zahlreiche Entlehnungen aus dem Ungarischen, Türkischen, Deutschen und Neugriechischen, zu denen noch im 19. Jahrhundert viel französisches Wortgut hinzukam.

Aus den mehr oder weniger losen Völker- und Stammesbünden, die der Herrschaft Roms nachfolgten, entwickelten sich im 14. Jahrhundert die Fürstentümer Moldau und Walachei. Siebenbürgen gehörte zu Ungarn und nahm eine grundsätzlich andere Entwicklung als die beiden Donaufürstentümer jenseits der Karpaten. Bis ins 15. Jahrhundert waren die rumänischen Fürstentümer ein Bollwerk gegen die Türken; in zahlreichen Kämpfen bemühten sich vor allem die Fürsten der Moldau mit Stefan dem Großen und Ion dem Grausamen und der

Seite 173:
Gewaltig und breit ist die Donau bei Silistra.

Seite 174, oben:
Ende des 19. Jahrhunderts baute der rumänische Ingenieur Saligny mit französischem Kapital eine 15 Kilometer lange Eisenbahnbrücke über das Donausumpfgebiet bei Cernavodă, um die Donau mit einer Eisenbahnlinie direkt mit dem Schwarzen Meer zu verbinden.

Seite 174, unten:
Heute ist Cernavodă (nicht zu Unrecht als «Schwarzes Wasser» zu übersetzen) ein bedeutender Umschlaghafen für Güter aus dem Hafen von Constanţa am Schwarzen Meer. In Kürze wird die Stadt durch einen Kanal direkt mit Constanţa verbunden sein.

Seite 175, oben:
Galaţi kann, wie auch Brăila, von kleineren Seeschiffen angelaufen werden. Hier «riecht es schon nach Meer», nach der großen weiten Welt.

Seite 175, unten:
Brăila, das schon Mitte des 14. Jahrhunderts als wichtiger Donauhafen erwähnt wird, hat eine lebhafte Industrie und ist ein bedeutender Ausfuhrplatz für rumänisches Getreide. Seit dem Ende des griechischen Bürgerkrieges 1948 wurden hier zahlreiche geflüchtete griechische Partisanen angesiedelt.

Seite 176, oben:
Seitdem die Donau seit einigen Jahren in der Nähe von Cernavodă durch eine moderne Straßenbrücke überquert wird, verschwinden auch die alten klapprigen Fähren immer mehr.

Seite 176, unten:
Izmail, die einst mächtige türkische Festung, ist heute eine aufblühende Stadt und der wichtigste See- und Flußhafen der Sowjetunion an der Donau, die hier Dunaj heißt. In Izmail endet die russische SDGP-Passagierlinie Passau–Wien–Izmail. Mit Seeschiffen kann man weiterfahren nach Odessa und Jalta.

Seite 177, oben:
Das über 4300 Quadratkilometer große Donaudelta ist Europas einzige und letzte Urlandschaft. Mit über 300 Vogelarten – hier ein Silberreiher – ist es eines der größten Vogelschutzgebiete der Erde.

Seite 177, unten:
Im südlichen Teil des Deltas gibt es große Pelikan-Kolonien. Die mächtigen Großvögel haben in Europa nur hier ihre festen Brutplätze.

Seiten 178/179:
Das Ende eines langen Stromes Reise, wo die Donau schon zum Meer wird. Diese Hauptfahrrinne führt aus dem Delta heraus ins Schwarze Meer. Sie wird umsäumt von undurchdringlichen Schilfwäldern, die von den Einheimischen genutzt werden. Schilf dient ihnen als Stroh für die Dächer, für Flechtarbeiten, aber auch als Brennstoff und Rohstoff zur Herstellung von Papier und Zellulose. Schilfrohr wächst auch auf den «Plauri» genannten schwimmenden Inseln aus Schilfrohrwurzeln, die oft zwei bis drei Meter groß sind und deren vertorfter Boden von 50 bis 180 Zentimeter dick sein kann.

Seite 180:
Auf diesem Plaur wächst nicht nur Schilf, sondern auch ein Baum. Sofern die Plauri durch die Strömung ausreichend mit Frischwasser und Sauerstoff versorgt sind, gedeihen darunter oft kapitale Welse und andere Fische. Rund 1000 Quadratkilometer des Donaudeltas sind mit den schwimmenden Inseln bedeckt.

Walachei mit Vlad dem Pfähler und Mihai dem Tapferen, die Unabhängigkeit ihrer Fürstentümer zu wahren. Schließlich mußten sie sich, wie auch der Fürst von Siebenbürgen, dem Halbmond beugen.

Den rumänischen Fürstentümern gelang jedoch, was die anderen Balkanländer nicht zuwege brachten: Sie arrangierten sich mit den türkischen Eroberern, zahlten Tribute, stellten Hilfeleistungen für die Heere des Sultans zur Verfügung und erhielten dafür eine begrenzte Autonomie. Wenn die Rumänen militärische Kontingente stellen mußten, kämpften sie allerdings mit wenig Begeisterung gegen die Christen. Wie geschickt man dabei vorging, mag ein Beispiel deutlich machen, das der österreichische Historiker Randa im Zusammenhang mit der Türkenbelagerung Wiens im Jahre 1683 erwähnt: «Die Rumänen mußten zwar vertragsgemäß an der Belagerung von Wien teilnehmen, aber ihr Kommandant unterstützte insgeheim die Kaiserlichen. Seine Boten hielten die Wiener ständig auf dem laufenden, er ließ seine Kartaunen mit Strohkugeln laden und verzögerte absichtlich den Bau der Nußdorfer Türkenbrücke über die Donau. Nach der Schlacht errichtete er an seinem Lagerplatz ein großes Holzkreuz als ‹Gleichnis christlicher Gemeinschaft wider den gemeinsamen Feind›.»

«Einen gesenkten Kopf schlägt man nicht ab», sagt ein rumänisches Sprichwort aus der Türkenzeit. In ihm offenbart sich die Überzeugung eines Volkes, dessen Beharrungsvermögen ebenso dominierend ist wie das Fehlen jeglichen Eroberungswillen fremden Völkern gegenüber. Die Rumänen neigen auch nicht zur Häresie und zum Renegatentum. Diese Eigenschaft zeigte sich vor allem stark während der türkischen Vorherrschaft. Die Rumänen sind das einzige von den Türken beherrschte Balkanvolk, das in seiner Gesamtheit christlich geblieben ist. Es kam weder in der Moldau noch in der Walachei zu einer Islamisierung breiterer Volksschichten wie in Bulgarien oder in Serbien, wo noch heute Pomaken und bosnische Moslems als orthodoxe Mohammedaner leben, deren Vorfahren sich als grausamstreitbare Hüter des Halbmondes betätigt hatten. Die «Renegaten», die sich den Türken als Statthalter und Kaufleute in den rumänischen Fürstentümern zur Verfügung stellten, waren meist griechischer Herkunft. Oder sie waren Bojaren, die nur an ihren eigenen wirtschaftlichen Vorteil dachten.

In dieser Zeit entstand zwischen Volk und Bojaren eine Kluft, die in der Folge nie mehr überbrückt werden konnte. Während in Bulgarien der Widerstandswille gegen die türkischen Herren das Volk in seiner Gesamtheit einte, dämmerte das rumänische Volk unter dem Joch zweier Herren einer Zukunft entgegen, die es selbst nicht mehr zu gestalten vermochte.

Hier liegen auch die Wurzeln des nationalen und sozialen Elends der rumänischen Bauern. Dieses Elend änderte sich nicht, als die

Fürsten der Walachei und der Moldau durch den russisch-türkischen Krieg von 1828/29 eine größere Selbständigkeit erhielten, und ihre Not wurde nicht geringer, als die Verfechter des rumänischen Nationalstaates 1859 Alexandru Ion Cuza zum Fürsten der Moldau und zum Fürsten der Walachei wählten und mit dieser Doppelwahl den Grundstein zum rumänischen Königreich legten. Die internationale Anerkennung erfolgte nach dem russisch-türkischen Krieg von 1877/78, an dem Rumänien als Verbündeter Rußlands an der Befreiung Bulgariens teilnahm.

Bis 1918 bestand Rumänien aus den Gebieten der Walachei, der Moldau und der Dobrudscha. Die Donau bildete den größten Teil der Grenze gegen Bulgarien, der Pruth war die Grenzlinie gegen Rußland, und das mächtige Halbrund der Karpaten, vom Eisernen Tor bis zur Bukowina, grenzte Rumänien gegen Siebenbürgen und das Banat ab, die beide, durch den Friedensvertrag von Trianon (1920) von Ungarn abgetrennt, an Rumänien fielen.

Die Vereinigung Siebenbürgens mit dem rumänischen Altreich war ein politisch-diplomatischer Erfolg. An der Armut der breiten Massen änderte sie jedoch nichts. Das Bauernelend, wie es sich noch bis nach dem Zweiten Weltkrieg in Rumänien darbot, war mit keinem anderen europäischen Land zu vergleichen. Für die landarmen und landlosen Bauern war Brot eine Seltenheit und für Millionen Menschen Maisbrei – Mămăliga – das Hauptnahrungsmittel. In den häufigen Dürrejahren reichten die kümmerlichen Vorräte nicht einmal für diese armselige Speise. Die Kinder starben an Unterernährung, die Halbwüchsigen an Tuberkulose, und die Malaria lag wie eine furchtbare Geißel über dem Land.

Die Armut vieler rumänischer Dörfer war erschütternd. Einräumige Hütten aus Lehm oder Weidenrutengeflecht markierten den Weg der Not: In Oltenien, in der Bărăgansteppe, in der südlichen Moldau und überall dort, wo landlose Rumänen ein kümmerliches Leben als Tagelöhner auf riesigen Gütern fristen mußten.

Der rumänische Landarbeiter und Kleinbauer war ein Niemand, ein Sklave noch vor wenigen Jahrzehnten. Er wurde geprügelt wie das Vieh. Geprügelt als Tagelöhner und geschlagen beim Militär, wo die Prügelstrafe noch bis Ende des Zweiten Weltkrieges als probates Erziehungsmittel angesehen wurde.

Zu dieser grenzenlosen Armut gesellte sich eine grenzenlose geistige Verlassenheit. Rund vier Millionen der sechzehn Millionen Rumänen konnten weder lesen noch schreiben. Wenn sie rechneten, dann rechneten sie mit ihren zehn Fingern.

Wer heute durch Rumänien fährt, kann sich die materielle und geistige Not des Großteils der Bevölkerung nicht mehr vorstellen. Die Armut ist verschwunden. Vorausgesetzt, daß die Wohlstandsbürger anderer Nationen überhaupt noch wissen, wie echte Not und Armut aussieht. Armut, die nicht durch Kriege kam, nicht durch Naturkatastrophen, sondern jene, die ganz einfach «da war» und seit Generationen zum Leben eines ganzen Volkes in einem reichen Land gehörte, wie Geburt, Krankheit und Tod.

Mit der Überwindung der unerträglichen Not hat das heutige Rumänien eine historische Tat gesetzt. Es hat das Volk aus einer unvorstellbaren Unwissenheit befreit und die Türen zur Bildung aufgestoßen. Heute ist die zehnklassige Elementarschule für alle Kinder Pflicht. Schulbücher und Lernbehelfe werden für Grundschüler kostenlos vom Staat zur Verfügung gestellt. Die Absolventen der Grundschulen können allgemeinbildende Mittelschulen oder technische, künstlerische und auch landwirtschaftliche Mittelschulen besuchen. Allen Mittelschulabsolventen – so sie mit gutem Erfolg abschließen – steht der Weg an die Universitäten und Hochschulen offen. Da der Andrang groß ist, muß auch noch eine Aufnahmeprüfung für die Hochschule abgelegt werden; aber es gibt keinen politischen oder sozialen *Numerus clausus*. Das erste Studienjahr ist der große Filter, der es – vereinfacht dargestellt – durch regulierbare Anforderungen ermöglicht, den Weizen von der Spreu zu trennen. Studenten, die den Anforderungen des ersten Studienjahres nicht genügen, dürfen in der gleichen Fachrichtung nicht wiederholen. Wer die Hürde des ersten Jahres genommen hat, kann zwar aufatmen, aber bummelig darf er deshalb noch nicht werden, denn mehr als einmal kann er auch die weiteren Studienjahre nicht wiederholen. Auch hängt die Höhe des Stipendiums von den Zensuren ab. Da mehr als sechzig Prozent der Studenten Stipendien erhalten, wird der Lerneifer über das Stipendium recht nachhaltig reguliert.

Die Stadt Brăila zu Beginn des 19. Jahrhunderts. Von hier aus brachten türkische Segler rumänisches Getreide, Holz, Salz und Honig nach Konstantinopel.

Die Bildungsexplosion innerhalb der rumänischen Bevölkerung dient vor allem wirtschaftlichen Zielen. In einer kommunistischen Planwirtschaft werden nicht nur die Kennziffern für die wirtschaftliche Entwicklung des Landes vorausberechnet und festgelegt, sondern auch der für diese Entwicklung notwendige Bedarf an Facharbeitern, Mittelschultechnikern, Ingenieuren und anderen Hochschulabsolventen. Das «Recht auf Bildung» wird den wirtschaftlichen Notwendigkeiten untergeordnet und administrativ gesteuert; nicht jeder kann den Beruf ergreifen, den er gerne erlernen möchte – es sei denn, er nimmt eine Wartezeit als Arbeiter in einem Betrieb in Kauf.

Rumänien, das in den ersten Jahren nach dem Krieg fast als eine sowjetische Provinz angesehen werden konnte, wirkt seit der Mitte der sechziger Jahre als «Enfant terrible» im Ostblock, mit einem unabhängigen außenpolitischen Kurs, der die Bündnistreue zur Sowjetunion jedoch nicht in Frage stellt. Allerdings nahm Rumänien nicht an der militärischen Besetzung der ČSSR im Jahre 1968 teil und vertritt auch im Nahostkonflikt einen eigenen Standpunkt. Innenpolitisch ist Rumänien jedoch ein typisch totalitärer Staat geblieben, in dem alle Macht, aber auch die kulturelle Entwicklung, bei der Führungsspitze der Kommunistischen Partei Rumäniens liegt.

Kommunismus bedeutet für ein Volk nicht nur Planwirtschaft, sondern auch tiefgreifende Änderungen in allen Bereichen des menschlichen Lebens. In Rumänien war dieser Eingriff in die Privatsphäre nie so ausgeprägt wie in anderen kommunistischen Staaten, und so entstand im Westen die Fama vom liberalisierten rumänischen Kommunismus. Das neue Regime ist hier nie in seiner absolut militanten Form in Erscheinung getreten; das Militante liegt den Rumänen nicht. Aber seit ihrer Machtübernahme haben die rumänischen Kommunisten in allen prinzipiellen Fragen eine ausgesprochen orthodoxe Haltung an den Tag gelegt. Die Form des rumänischen Kommunismus war meist milder als in den anderen Ostblockstaaten, aber in seinem Kern war er in jeder Epoche lupenrein.

Wenn in Warschau, Budapest, Prag und auch in Ostberlin eine geistige Gärung und Kelterung der kommunistischen Idee zu beobachten ist, so war und ist von all dem in Bukarest nichts zu sehen. Offiziell sind derartige Fragen und Probleme tabu. Ideologische Diskussionen, wie sie in Ungarn, in Polen oder selbst in Bulgarien von der Jugend so gern geführt werden, sind in Rumänien selten. Es wird in Rumänien außerhalb der Parteilinie nicht von möglichen Zukunftsformen des oder der kommunistischen Systeme gesprochen. Es mag dies nicht zuletzt in der Mentalität des rumänischen Volkes liegen, sich mit den Gegebenheiten abzufinden und alle Dinge zunächst einmal an sich herankommen zu lassen. «Schrei nicht, bevor du über dem Graben bist», sagt ein altes rumänisches Sprichwort. Die Rumänen haben in ihrer von vielen Gefahren bedrohten Geschichte gelernt abzuwarten, sich anzupassen und in jeder Situation zu einem Arrangement mit den Mächtigen und dem Unvermeidlichen zu kommen.

Rumänien ist ein an Rohstoffen reiches Land und besitzt eine dynamische Wirtschaft, die einen raschen Modernisierungsprozeß durchmacht. Die Industrie ist zum führenden Wirtschaftszweig aufgerückt. Zugleich mit dem radikalen Wandel in der Struktur der Wirtschaft fand auch eine bessere territoriale Verteilung der Produktionskräfte statt. Neben dem Ausbau der alten Industriezentren wurde der wirtschaftlichen und kulturellen Entwicklung der in der Vergangenheit zurückgebliebenen Gebiete besonders Aufmerksamkeit geschenkt. In der Dobrudscha, in der Moldau, in Oltenien (Kleine Walachei) und in der Maramureş werden Jahreswachstumsraten erzielt, die weit über dem Landesdurchschnitt liegen. Die Bildungsrevolution beginnt ihre Früchte zu tragen. Und sie widerlegt die Ansicht jenes Professors, der in einer rumänischen Enzyklopädie vor dem Zweiten Weltkrieg über seine Landsleute befand: «Die Industriearbeit fordert von Hirn und Armen Disziplin, die die rumänische Seele, reich an subjektiver Mitteilsamkeit, nicht aufbringen kann.»

Anhang

Vom Schwarzwald zum Schwarzen Meer

Sehens- und Bemerkenswertes entlang der Donau (r. U. = rechtes Ufer; l. U. = linkes Ufer)

Das k.k.privilegierte Dampfboot Maria Anna, *mit dem 1835 die Dampfschiff-Verbindung zwischen Wien und Linz aufgenommen wurde.*

Donaueschingen, 17 700 Einw. Ehemalige Residenzstadt am Zusammenfluß der Donauquellflüsse Brigach und Breg mit berühmter Bibliothek. Inkunabeln-, Handschriften- und Kupferstichsammlungen der Fürsten von Fürstenberg. Die Breg wird als geographische Donauquelle angesehen.

Mühlheim a. d. Donau, 3100 Einw., r. U. Malerisches Städtchen, dessen Altstadt am linken Donauufer liegt. Sehenswert: Romanische St. Gallus-Pfarrkirche (12. Jh.), das gotische Rathaus (15. Jh., umgebaut 18. Jh.).

Beuron, 1170 Einw., r. U. Wallfahrts- und Luftkurort mit berühmtem Benediktinerkloster, das auch durch die «Beuroner Kunstschule» (19. Jh.) bekannt wurde.

Sigmaringen, 19 910 Einw., r. U. Kreisstadt und ehemalige Residenz des Fürstentums Hohenzollern-Sigmaringen. Die im 11. Jh. erbaute und später umgebaute Burg beherbergt eine Reihe wertvoller Sammlungen, u. a. das Museum für Schwäbische Malerei und Plastik

Ulm, 99 560 Einw., l. U. Bedeutendes wirtschafliches und kulturelles Zentrum Baden-Württembergs. Das Ulmer Münster mit seinem 161 Meter hohen Turm ist einer der imposantesten europäischen Kirchenbauten. An seiner Fertigstellung wurde 1377–1890 gearbeitet. Zu den Kunstschätzen des Münsters gehören u. a. das Chorgestühl von Jörg Syrlin d. Ä. (1471), die Kanzel von Meister Engelbert, die Kanzeldecke von Jörg Syrlin d. J., die Fenster des Chores, die Orgel mit 95 Registern und 8000 Pfeifen. Sehenswert auch das gotische Rathaus (1370) mit einer astronomischen Uhr. 1944/45 wurde Ulm durch Luftangriffe zu 73 Prozent zerstört.

Donauwörth, 17 810 Einw., r. U. Ehemalige Reichsstadt. Im Turm der kath. Stadtpfarrkirche (Mitte 15. Jh.) befindet sich die sogenannte «Pummerin», die mit 133 Zentnern größte Glocke Bayerns. Das Rathaus stammt aus dem 13. Jh., das Fuggerhaus aus dem 16. Jh.

Ingolstadt, 89 470 Einw., r. U. Einstige bayerische Festungsstadt. Sehenswert die Maria-Viktoria-Kirche, die von den Brüdern Asam zu Beginn des 18. Jh.s gebaut wurde; herrliches Deckenfresko von Cosmas Asam. In der spätgotischen Pfarrkirche ein neun Meter hoher Altar mit vielen Bildtafeln. In Ingolstadt wurde 1473 die erste bayerische Landesuniversität gegründet.

Regensburg, 132 400 Einw., r. U. Stadt am nördlichsten Punkt des Donaulaufes. Der Regen, der hier in die Donau mündet, gab der Stadt den Namen. Das keltische Radasbona, das römische Ratisbona, das heutige Regensburg, hat eine zweitausendjährige Geschichte und war eine der bedeutendsten historischen Städte Deutschlands (1663–1806 Sitz des «Immerwährenden Reichstages»). Heute ist Regensburg ein wichtiger Verkehrsknotenpunkt; hier beginnt die Donauschiffahrt, und hier wird auch der Rhein-Main-Donaukanal in die Donau einmünden.
Der Regensburger Dom (Baubeginn 13. Jh., Bauzeit etwa 300 Jahre) ist das bedeutendste gotische Bauwerk in Bayern. In der trotz starker Bombardierung im 2. Weltkrieg erhalten gebliebenen Altstadt sind vor allem die großen Patrizierhäuser sehenswert. Die 310 Meter lange Steinerne Brücke ist die älteste erhaltene Brücke Deutschlands (erbaut 1135–1147). Von der sieben Meter hohen römischen Stadtmauer sind nur noch Reste vorhanden; die Porta Praetoria, erbaut 179, gilt als das älteste Stadttor Deutschlands. Das große Schloß ist 1812 aus einem ehemaligen Benediktinerkloster entstanden.

Donaustauf, 3200 Einw., l. U. Malerischer mittelalterlicher Marktflecken mit Burg Stauf, erbaut um 925 von Bischof Tuto. – Auf einer Anhöhe bei Donaustauf, 100 Meter über der Donau, liegt die Walhalla, ein Ruhmestempel deutscher Ehren. Die im dorischen Stil erbaute Ehrenhalle wurde von Bayernkönig Ludwig I. 1830 bis 1842 errichtet. In den Hallen sind 118 Marmorbüsten und 64 Gedenktafeln berühmter deutscher Frauen und Männer aufgestellt.

Straubing, 42 700 Einw., r. U. Kreisstadt und Einkaufszentrum Niederbayerns; das Tor zum Bayerischen Wald. Alte Kelten- und Römersiedlung, aus der 898 eine Klostersiedlung entstand, das jetzige Altstraubing. Die Neustadt wurde im 13. Jh. gegründet. Zwischen 1353 und 1425 gehörten zum Straubinger Herzogtum auch große Besitzungen in Holland. Agnes Bernauer, die Frau des jungen Herzogs Albrecht III., wurde von dessen Vater, Herzog Ernst, aus dynastischen Gründen als Hexe beschuldigt und in der Donau ertränkt. Sehenswert der Hauptplatz mit dem fünfspitzigen Stadtturm (1316–1393) und den zahlreichen spätgotischen Bürgerhäusern. Die ehemals herzogliche Residenz stammt aus dem 14. Jh. Schöne Kirchen aus dem 15. und 17. Jh.

Deggendorf, 30 450 Einw., l. U. Als Siedlung schon um 750 gegründet. Seit 1242 war Deggendorf im Besitz der bayerischen Herzöge. Von den mittelalterlichen Befestigungsanlagen ist nicht mehr viel erhalten. Das schöne, auf dem Stadtplatz freistehende

Weiter Seite 188

DDR
PO
BRD
TSCHECHOSLOWAKEI
Regensburg
Ingolstadt
Straubing
Passau
Ulm
Linz
Krems
Donaueschingen
Donau
Bratislava
Wien
Komárom
ÖSTERREICH
Dunaújváro
Mohács
ITALIEN
Vuko
JUGOSLAWIE
ADRIATISCHES MEER

SOWJETUNION
RUMÄNIEN
ipest
UNGARN
BULGARIEN
SCHWARZES MEER
Novi Sad
Donau
Beograd
Smederevo
Moldova Veche
Eisernes Tor
Turnu Severin
Lom
Turnu Magurele
Giurgiu
Ruse
Bucuresti
Donau
Silistra
Cernavodă
Galati
Brăila
Izmail
Tulcea

Rathaus stammt aus dem 16. Jh. Ganz in der Nähe:

NIEDERALTEICH, 1630 Einw., l. U. Berühmtes, 731 gegründetes Kloster, mehrmals zerstört und wieder aufgebaut, Ausgangspunkt der bayerischen Ostmission. Ende des 18. Jh.s säkularisiert und erst in jüngster Zeit wieder Benediktinerkloster. Im Geiste der «Una sancta» wird hier das ganze Jahr die Messe in byzantinischer Lithurgie gefeiert.

VILSHOFEN, 14430 Einw., r. U. Die Stadt, an der Mündung der Vils in die Donau gelegen, wurde 1216 vom Hochstift Passau gegründet. Sehenswert der Stadttorturm (1642) und die ursprünglich gotische, später barockisierte Pfarrkirche.

PASSAU, 50320 Einw., r./l. U. Das «Tor zum Osten» liegt am Zusammenfluß von Donau, Inn und Ilz. Die einstige Bischofsstadt ist heute ein bedeutendes Handelszentrum mit regem Musik- und Theaterleben; Universität. Schon seit der Keltenzeit besiedelt; die Römer hatten hier ihr Kastell Batava, die bayerischen Siedler nannten es «Bazzawa», aus dem sich das heutige Passau ableitet. Das Bistum Passau wurde 740 errichtet, nachdem schon zu römischer Zeit der heilige Severin hier gewirkt hatte. Unter Bischof Pilgrim Christianisierung bis Ungarn und Bulgarien. Sehenswert: St. Nikolakirche (11. u. 14. Jh.), Heiliggeistkirche (14. u. 15. Jh.), St. Paulskirche (11. Jh., nach Brand im 17. Jh. umgebaut). Der Dom St. Stephan wurde zwischen 1407 und 1530 erbaut und im 17. Jh. barockisiert. Die Domorgel gilt als die größte der Welt (208 Register und 17000 Pfeifen). Die bischöfliche Residenz wurde im 18. Jh. erbaut. Die einstige bischöfliche Zwingburg, die Veste Oberhaus, wurde im 13. Jh. errichtet und im 15. u. 16. Jh. umgebaut; heute Museum.

ENGELHARTSZELL, KLOSTER ENGELSZELL, 1160 Einw., r. U. Österreichische Sommerfrische, zum erstenmal 1194 urkundlich erwähnt und bereits im Stiftungsbrief des Klosters Engelszell 1293 als Markt bezeichnet. Das Kloster war ursprünglich eine Zisterzienserabtei, wurde 1786 von Kaiser Joseph II. aufgehoben und ist seit 1925 ein Kloster des Trappistenordens.

ASCHACH, 2160 Einw., r. U. Wegen seiner geschützten Lage auch das «Meran Oberösterreichs» genannt. Der Markt wurde bereits 777 erstmals urkundlich erwähnt. Aschach gehörte im Mittelalter den Grafen von Schaunburg. Während des oberösterreichischen Bauernaufstandes versuchte Stefan Fadinger, die Donau durch eine Kette zu sperren, um den bayerischen Nachschub auf der Donau zu verhindern.

WILHERING, 3940 Einw., r. U. Sommerfrische mit Rokoko-Zisterzienserstift, gegründet 1146, umgebaut 1734–1750; in der Stiftskirche Gemälde von Bartolomeo und Martin Altomonto. Bibliothek mit wertvollen Handschriften.

OTTENSHEIM, 3740 Einw., l. U. Malerischer Badeort mit Schloß Ottensheim auf steilem Felsen über der Donau.

LINZ, 207650 Einw., r./l. U. Oberösterreichische Landeshauptstadt und neben Wien das wichtigste Industriezentrum Österreichs. Durch den Rhein-Main-Donau-Kanal wird Linz mit der Nordsee verbunden werden. Der Linzer Hafen hat den größten Umschlag aller Donauhäfen. Linz ist mit der eingemeindeten Vorstadt Urfahr am linken Donauufer eine Einheit. Alte Bischofsstadt mit schönen Barock- und Renaissancebauten. Besonders sehenswert neben den zahlreichen Kirchen das Landhaus, das 1564–1571 von den Italienern Christoph und Hans Canaval erbaut wurde. Jesuitenkirche (Alter Dom, 1669–1678), Minoritenkirche (18. Jh., mit schöner barocker Inneneinrichtung), St. Martinskirche (vor 788 erstmals urkundlich erwähnt, älteste erhalten gebliebene Kirche Österreichs); die meisten Kirchen sind im 18. Jh. entstanden, der neugotische neue Dom wurde von dem Kölner Dombaumeister Vinzenz Statz in den Jahren 1862–1924 erbaut.

ENNS (LORCH), 9810 Einw., r. U. Mittelalterliche Stadt am Westufer der Enns; als Lauriacum wichtiges römisches Lager (später als Lorch Kaiserpfalz Karl d. Gr.). Wirtschaftliche und kulturelle Blütezeit der Stadt vom 13. bis ins 15. Jh. Durch Reformation, Gegenreformation und Türkenkriege verlor Enns an wirtschaftlicher Bedeutung. Nach dem 2. Weltkrieg bedeutende Industrialisierung. Die Enns bildete von 1945–1955 die amerikanisch-russische Demarkationslinie.

MAUTHAUSEN, 4430 Einw., l. U. Alter Schifferort mit schönen Renaissancehäusern. In der Nähe: Ehemaliges Konzentrationslager Mauthausen; heute Gedenkstätte.

WALLSEE, 1960 Einw., r. U. Kleiner Donauort mit bedeutendem Habsburgerschloß, das im 14. Jh. erbaut und hernach mehrmals umgebaut wurde. Die Hauptburg wird von einem tiefen Graben umgeben; auffallend der weithin sichtbare Bergfried. Das Schloß besitzt die Familie Salvator-Habsburg-Lothringen. Durch den Kraftwerkbau wurde die Donau bei Wallsee umgeleitet.

GREIN, 2840 Einw., l. U. Bekannte Sommerfrische und reizendes Donaustädtchen, überragt von der mächtigen spätgotischen Greinburg. Durch den Rückstau des Kraftwerkes Ybbs-Persenbeug wurde auch der gefürchtete «Greiner Strudel» für die Schiffahrt entschärft. Sehenswert: Das Stadttheater, das älteste (1790) in seiner ursprünglichen Form erhaltene Theater Österreichs; kleiner Hauptplatz mit schönen alten Bürgerhäusern.

ST. NIKOLA, 890 Einw., l. U. Alter Schifferort, der seinen Namen dem heiligen Nikolaus, dem Schutzpatron der Donauschiffer, verdankt. Interessant das Schifferkirchlein mit romanischen und gotischen Bauelementen. Bei St. Nikola befand sich in der Donau der Haussteinfelsen, der bis Mitte des 19. Jh.s ein gefürchtetes Schiffahrtshindernis war. Der Felsen wurde in mehrjähriger Arbeit (1853–1866) gesprengt.

PERSENBEUG, 1060 Einw., l. U. Markt mit einem weithin sichtbaren Schloß auf einem steilen Felsen über der Donau; bedeutendes Kraftwerk.

YBBS, 6530 Einw., r. U. Altes Städtchen nahe der Ybbsmündung. Stadtrecht seit 1308, als «Ibsburch» schon im 10. Jh. erwähnt. Durch den Bau der Westbahn, die an Ybbs vorbeigeführt wurde, verlor die Stadt ihre frühere wirtschaftliche Bedeutung. Sehenswert: Pfarrkirche mit gotischem Semperabild «Maria auf der Mondsichel».

MARBACH, 1610 Einw., l. U. Sommerfrische, seit dem 14. Jh. wichtiger Donauübergang.

PÖCHLARN, 3620 Einw., r. U. Altes Donaustädtchen; unter den Römern als «Arelape» Sitz des Oberkommandos der römischen Donauflottille; im 9. Jh. kam Pöchlarn in den Besitz des Regensburger Hochstiftes. Hier soll der sagenhafte Rüdiger von Bechelaren des Nibelungenliedes seine Burg gehabt haben. Wie viele andere Donaustädte geriet Pöchlarn mit dem Aufkommen der Eisenbahn in ein wirtschaftliches Tief, das erst in unserer Zeit allmählich überwunden werden kann.

MELK, 6280 Einw., r. U. Mittelalterliches Städtchen, dessen Benediktinerstift auf einem steilen Felsen zu den berühmtesten Kulturdenkmälern Österreichs zählt. Melk wird erstmals 831 urkundlich als «Medilica» erwähnt; um 900 von den Ungarn erobert, kommt nach der Schlacht auf dem Lechfeld (955) wieder in Reichsbesitz. 976–1106 Residenz der Babenberger. Das Kloster Melk wurde 1089 gegründet und Mitte des 18. Jh.s von den Barockbaumeistern Jakob Prandtauer und Franz Munggenast in seine heutige Form gebracht. Die weithin sichtbare Südseite des Stiftes hat eine Länge von

362 Metern. Weltberühmt ist die Bibliothek des Stiftes. Sehenswert im Ort: Die Pfarrkirche (11. u. 15. Jh.), schöne gotische und barocke Bürgerhäuser. Stadt und Stift liegen am Eingang des Engtales der Wachau.

RUINE AGGSTEIN, r. U. Markantestes Wahrzeichen der Wachau. Aggstein gehörte zu den wichtigsten Burgen Österreichs. Sie wurde mehrmals zerstört und immer wieder aufgebaut; 1685 jedoch nach der Brandschatzung durch die Türken dem Verfall preisgegeben. Als Ruine restauriert. Von hier aus bietet sich einer der schönsten Ausblicke auf das Donautal.

WILLENDORF, 710 Einw., l. U. Kleiner Ort, bekannt durch die 1911 gefundene altsteinzeitliche Plastik der «Venus von Willendorf».

SPITZ, 1940 Einw., l. U. Marktgemeinde, 830 von König Ludwig dem Deutschen dem bayerischen Kloster Niederalteich geschenkt. Sehenswert: Die Pfarrkirche (16. Jh.) mit Statuen aus dem 15. Jh. und einem Altarbild von Johann Martin Schmidt (1799). Der Marktflecken liegt am Fuß des berühmten, mit Wein bebauten Tausendeimerberges.

DÜRNSTEIN, 1030 Einw., l. U. Reizendes Städtchen am Fuß der gleichnamigen Burg (heute Ruine), in der Ende des 12. Jh.s der englische König Richard Löwenherz ein Jahr lang gefangengehalten wurde, ehe er gegen hohes Lösegeld freigelassen wurde. Sehenswert die vielen aus dem 16. Jh. stammenden Häuser und das ehemalige Augustinerchorherrenstift mit barocker Kirche. Der Westturm der Kirche zählt zu den schönsten Barocktürmen Österreichs.

KREMS, 23 300 Einw., l. U. Eine der ältesten Städte Niederösterreichs, bereits 995 als Reichsburg bezeichnet. Ihren wirtschaftlichen Aufschwung verdankt die Doppelstadt Krems-Stein dem Weinbau und Weinhandel. 1305 erhielt Krems die gleichen Rechte wie Wien. Heute ist Krems eine bedeutende Bezirks- und Schulstadt. Sehenswert u. a.: Die gotische Piaristenkirche, das Rathaus mit Renaissance-Erker (1548), die Bürgerspitalkirche (Museum); bemerkenswert die vorbildlichen Restaurierungen im Stadtkern. Im Stadtteil Stein: Gotische Nikolauskirche mit Karner (1462), ehemalige Minoritenkirche, Kapuzinerkirche (1640) mit Fresken von Daniel Gran.

GÖTTWEIG, r. U. Benediktinerstift; das 1072 vom Passauer Bischof Altmann gegründete Kloster liegt auf einer beherrschenden bewaldeten Höhenkuppe und gehört neben Melk zu den bedeutendsten Klosterbauten an der österreichischen Donau. Die barocke Umgestaltung des Klosters erfolgte im 18. Jh. nach den Plänen des Baumeisters Lukas von Hildebrandt; die beiden barocken Türme an der Westfassade blieben unvollendet. Zu den besonderen Sehenswürdigkeiten zählt das Graphische Kabinett mit über 20 000 Blättern.

TULLN, 10 510 Einw., r. U. Bezirksstadt im Tullnerfeld, ehemaliges Römerkastell und Flottenstützpunkt. Dem Nibelungenlied nach traf Kriemhild in Tulln erstmals mit dem Hunnenkönig Etzel zusammen. Karl d. Gr. ließ in Tulln eine Brücke errichten; im 12. Jh. war die Stadt Babenbergerresidenz. Das bedeutendste Bauwerk ist die Pfarrkirche, eine dreischiffige Pfeilerbasilika, die zwischen 1486 und 1513 gotisiert wurde. Der spätromanische Karner stammt aus dem 13. Jh.

BURG KREUZENSTEIN, l. U. Erstmals 1120 erwähnt. Nach einer wechselvollen Geschichte verfällt die Burg im 18. Jh. und kommt als Ruine in den Besitz des Grafen Wilczek, der sie ab 1879 als mittelalterliche Idealburg mit Originalteilen aus ganz Europa neu aufbauen läßt.

KLOSTERNEUBURG, 27 390 Einw., r. U. Alte Stadt, 1106 Babenbergerresidenz, 1108 wurde das Augustinerchorherrenstift gegründet, das zu einem wichtigen Zentrum des österreichischen Kultur- und Geisteslebens wurde. Der kulturelle und materielle Reichtum des Stiftes ist unschätzbar. 1140 wurde mit einer Österreichchronik begonnen, die zu den wichtigsten Geschichtsquellen Österreichs gehört. Unter Karl VI. sollten Kloster und kaiserliche Residenz zu einer baulichen Einheit verbunden werden; etwa in der Art des spanischen Escorials. Der Plan wurde nicht realisiert; nur die beiden Kuppeln mit der Krone des Hl. Römischen Reiches und dem österreichischen Erzherzoghut erinnern an die gigantomanische Idee des italienischen Baumeisters Donato Felice d'Allio. Vorgesehen waren neun Kuppeln.

WIEN, 1 615 000 Einw., r./l. U. Österreichische Bundeshauptstadt, ehemalige kaiserliche Haupt- und Residenzstadt. Die Geschichte Wiens reicht bis in die prähistorische Zeit zurück. Kelten und Römer formten die Ursprünge der Stadt ebenso wie die vielen Völker, die ihren Weg entlang der Donau genommen haben. In der karolingischen Zeit taucht erstmals der Name «Wienne» auf. Der wirtschaftliche und politische Aufstieg Wiens beginnt mit dem Babenbergerherzog Heinrich II. (1141–1177). Von 1300 an ist Wien mehrfach und dann ständige Hauptstadt des Hl. Röm. Reiches Dt. Nation und von 1806 an Residenzstadt des österreichischen Kaisertums. Wien wurde zweimal vergeblich von den Türken belagert (1529, 1683) und erhielt im 17. Jh. ihr barockes Gepräge. Damals wurden die Schlösser Schönbrunn, Belvedere, die Karlskirche und zahlreiche Adelspaläste erbaut. Mitte des 19. Jh.s wurden die Stadtmauern geschleift und die heutige Innenstadt mit den zahlreichen Vorstädten verbunden. Damals entstand auch die berühmte Wiener Ringstraße. Nach dem ersten Weltkrieg wurde Wien weltweit durch seinen sozialen Wohnbau bekannt. Heute ist Wien neben New York und Genf die dritte UNO-Stadt.

INSEL LOBAU, Au-Urwald und Naturschutzgebiet am Rande von Wien.

PETRONELL, 1210 Einw., r. U. Kleine Marktgemeinde; hier lag der Donauübergang der «Bernsteinstraße» und das römische Carnuntum, der Sitz des Statthalters von Pannonien. Das Lager verfiel im 4. Jh., und die Anlagen wurden als «Steinbruch» verwendet. Übriggeblieben sind das «Heidentor», Reste von Wohnbauten, zwei Amphitheater und eine Badeanlage. Die heutige Ortschaft Petronell entstand im 11. Jh. Sehenswert die aus diesem Jh. stammende Rundkirche.

BAD DEUTSCH ALTENBURG, 1275 Einw., r. U. Kurort mit jodschwefelhaltigen Thermen, die schon den Römern bekannt waren; sie wurden jedoch erst Mitte des 19. Jh.s wiederentdeckt. Sehenswert die Kirche aus dem 13. Jh. und der Karner. Museum mit vielen Exponaten aus der Römerzeit.

HAINBURG, 6230 Einw., r. U. Einst wichtiger Grenzort gegen Ungarn am Fuß des Braunsberges. Wichtiger Umschlagplatz für den Salzhandel mit Ungarn. Sehenswert: Einzig erhalten gebliebene mittelalterliche Synagoge, Stadtmauer mit dem großen «Wiener Tor» (13. Jh.).

DEVIN (Theben), 3500 Einw., l. U. Kleiner Ort am Fuß des Thebener Kogels an der Marchmündung. Die uralte Grenzburg auf dem Thebener Kogel wurde 1809 von den Franzosen gesprengt. Zwischen Thebener Kogel (ČSSR) und Hundsheimer Berg (Österreich) liegt die «Porta Hungarica».

BRATISLAVA (ung. Pozsony, dt. Preßburg), 280 000 Einw., l. U. Hauptstadt der Slowakei. Bis 1918 gehörte Bratislava zum Königreich Ungarn. Ihren heutigen wirtschaftlichen Aufstieg verdankt die Stadt dem großen Donauhafen, den zahlreichen Industriebetrieben und Raffinerien. Sehenswert: Die hochgelegene Burg, die 1683 erfolgreich gegen die Türken verteidigt wurde; die Martinskirche (13. Jh.), in der die Krönung der ungarischen Könige stattfand. Alte Stadttore und zahlreiche barocke Adelspaläste.

GYOER (Raab), 101 000 Einw., l. U. Komitatshauptstadt und bedeutendes Industriezentrum. Keltensiedlung, römisches Kastell Arrabona und wichtiger Festungsring der Awaren; Bischofssitz seit Stephan I. und deutsches Stadtrecht seit 1271. Die Stadt wechselte während der Türkenkriege mehrmals den Besitzer. In der Altstadt gibt es sehenswerte barocke Kirchen und Patrizierhäuser.

KOMÁROM (Komorn), 12 000 Einw., r. U. 1918 wurde die Stadt zwischen Ungarn und der ČSSR geteilt (Komárno, 36 000 Einw., l. U.) Geburtsort des berühmten Komponisten Franz Lehár und des ungarischen Schriftstellers Mor Jokai. Sehenswert die alten Festungsanlagen, das Schloß mit Römerdenkmälern. In der Nähe der Stadt befindet sich in Szöny das Zentrum der ungarischen Erdölindustrie.

ESZTERGOM (Gran), 26 000 Einw., r. U. Heute bedeutende Industrie- und Schulstadt; einst römisches Kastell mit ausgedehnten Befestigungsanlagen. Im Jahre 1001 wurde in Esztergom das ungarische Erzbistum errichtet, seit 1715 ist der Erzbischof von Esztergom gleichzeitig auch Fürstprimas von Ungarn. 1526 wurde Esztergom von den Türken erobert und erst 1683 wieder befreit. Sehenswert: Der gewaltige Dom, der zwischen 1821 und 1856 im italienischen Renaissancestil erbaut wurde, das erzbischöfliche Palais und die Ruinen eines Königspalastes aus der Arpadenzeit (907–1241) mit kostbaren Fresken.

VISEGRÁD (auch Blendenburg oder Plintenburg), 5400 Einw., r. U. Dorf mit bewegter Vergangenheit; römisches Kastell, slawische Grenzburg (Visegrád = Hohe Burg) und im 14. Jh. Residenz unter den Königen der Anjou-Dynastie (1308–1382); im 15. und 16. Jh. zu einem großartigen Königspalast ausgebaut, 1529 und 1542 von den Türken verwüstet. Der Rest der herrlichen Anlagen wurde 1705 im Zuge der Erhebung Franz I. Rákóczis von österreichischen Truppen geschleift. Teile der prunkvollen Anlage, so der Renaissancehof des Königs Matthias Corvinus, wurden in jüngster Zeit freigelegt.

VÁC (Waitzen), 30 000 Einw., l. U. Bischofsstadt, die wegen ihrer strategischen Lage wiederholt zerstört und wieder aufgebaut wurde. Das Bistum wurde von Stephan dem Heiligen Anfang des 11. Jh.s gegründet. 1241 von den Mongolen verwüstet und von König Matthias Corvinus im 15. Jh. neu befestigt. Die Stadt geriet zweimal unter türkische Herrschaft und wurde 1684 von den Österreichern befreit; damals erfolgte der Ausbau zur barocken Stadt. Heute ist Vác stark industrialisiert.

SZENTENDRE (Sankt Andrä), 17 000 Einw., r. U. Malerisches Städtchen, hauptsächlich von Serben bewohnt. Sehenswert: Die orthodoxe Bischofskirche, das Kirchenmuseum mit byzantinischen und serbischen Sakralkunstwerken.

BUDAPEST, 2 000 000 Einw., r./l. U. Hauptstadt Ungarns in landschaftlich herrlicher Lage unmittelbar an der Donau, die die beiden Stadtteile Buda und Pest trennt. Die Stadt ist seit der Keltenzeit kontinuierlich besiedelt; die Magyaren tauchten hier erstmals Ende des 10. Jh.s auf. Die erste Ansiedlung wurde 1241 von den Mongolen zerstört und unter König Béla IV. (1235–1270) wieder aufgebaut. In der Folgezeit entwikkelten sich drei Siedlungen: Pest am linken Ufer, die Festung Buda und Óbuda, das einstige römische Aquincum, am rechten Ufer. Im 15. Jh. wurde Buda ungarische Landeshauptstadt und großzügig ausgebaut. Die von Béla IV. begonnene Matthiaskirche erhielt unter König Matthias Corvinus den charakteristischen Südwestturm und blieb bis zur türkischen Eroberung im Jahre 1541 Krönungskirche. Von 1541–1686 war die Kirche eine türkische Moschee. Unter Maria Theresia und ihrem Sohn Joseph II. blühte die Stadt wirtschaftlich und kulturell auf; Neubau des kgl. Schlosses auf dem Burgberg. Anfang des 19. Jh.s stand die Entwicklung der Stadt unter dem Einfluß des großen ungarischen Reformers, des Grafen Stephan Széchényi. Er ließ mit der berühmten Kettenbrücke den ersten festen Donauübergang in Ungarn errichten. 1872 wurden die drei historischen Städte zur neuen Hauptstadt Ungarns, Budapest, vereinigt. Ende des 19. Jh.s entwikkelte sich der Stadtteil Pest zur modernen Großstadt (Parlament im neugotischen Stil, 1885–1905). In der Endphase des 2. Weltkriegs wurde Budapest weitgehend zerstört. Heute sind die Kriegsschäden überwunden, und Budapest ist nicht nur wieder das kulturelle, sondern auch das wirtschaftliche Zentrum Ungarns geworden.

DUNAÚJVÁROS, 48 000 Einw., r. U. Neue Industriestadt, 68 km südlich von Budapest. Bis 1950 hieß der Ort «Dunapentele» und hatte etwa 3000 Einw. Das Donau-Eisenwerk ist das modernste Eisen- und Stahlkombinat Ungarns.

DUNAFÖLDVÁR, 16 000 Einw., r. U. Industriestadt; von wirtschaftlicher Bedeutung: Die einzige Eisenbahn- und Straßenbrücke in diesem Raum.

BAJA, 32 000 Einw., l. U. Brückenstadt, bedeutender Donauhafen. Einst ein wichtiges Handelszentrum der in der Batschka lebenden «Donauschwaben», die im 17. und 18. Jh. hier angesiedelt wurden. Die Gründung der Stadt geht auf eine karolingische Grenzfestung zurück; bis ins 13. Jh. hieß sie «Francovilla». Von Baja aus wurde der letzte ungarische König (Karl IV., als österreichischer Kaiser Karl I.) 1921 von einem britischen Kanonenboot ins Exil gebracht. Heute ist Baja eine aufstrebende Industriestadt. Sehenswert: Alte Bürgerhäuser, das Rathaus, die griechisch-orthodoxe und russisch-orthodoxe Kirche.

MOHÁCS, 19 000 Einw., r. U. Nahe der jugoslawischen Grenze. Von Mohács aus nahm die habsburgische Herrschaft in Ungarn ihren Anfang. Hier wurde am 29. August 1526 der ungarische König Ludwig II. aus dem Geschlecht der Jagellonen vom türkischen Sultan Soliman dem Prächtigen geschlagen. 25 000 Mann verloren ihr Leben; der König kam auf der Flucht im Sumpfgebiet der Donau um. Durch Erbverträge fiel Ungarn an das Haus Habsburg. Bei Mohács fand noch eine zweite, für Europa schicksalshafte Schlacht statt: 1687 wurden die Türken von den Österreichern unter dem Herzog von Lothringen und dem Markgrafen Ludwig von Baden («Türken-Louis») entscheidend geschlagen. Bei Mohács begann und endete die Herrschaft der Türken über Ungarn.

BEZDAN, 19 000 Einw., l. U. Ungarisch-jugoslawische Grenzstation und Donauhafen.

APATIN (Jugoslawien), 17 000 Einw., l. U. Von Maria Theresia im 18. Jh. mit deutschen Kolonisten gegründete Stadt; insgesamt lebten in der Batschka, einem fruchtbaren Landstrich zwischen Donau und Theiß, vor dem 1. Weltkrieg über zweihunderttausend Deutsche.

VUKOVAR, 24 000 Einw., r. U. Bauernstädtchen an der Mündung der Vuka in die Donau inmitten eines großen Obstbaugebietes (Melonen); stark industrialisiert. Bis 1918 vorwiegend eine deutsche Stadt. Sehenswert: Das Schloß der Grafen Eltz; heute Kulturhaus.

BAČKA-PALANKA (Batschka), 17 000 Einw., l. U. Ländliches Donaustädtchen in der südlichen Batschka inmitten einer fruchtbaren Landschaft. Sehenswert: Schiffsmühlen an der Donau.

NOVI SAD (ung. Ujvidék, dt. Neusatz), 142 000 Einw., l. U. Hauptstadt der autonomen Region Vojvodina mit überwiegend ungarischer Bevölkerung; die Stadt entwikkelte sich im 17. und 18. Jh. aus einem militärischen Brückenkopf an der Donau und war während der osmanischen Herrschaft in Serbien ein wichtiges kulturelles Zentrum serbischer Flüchtlinge. Heute stark industrialisiert.

PETROVARADIN (Peterwardein), r. U. Festungsanlage, gehört heute zu Novisad. Seit Ende des 17. Jh.s Österreichs wichtigste Grenzfestung gegen die Türken, auf Befehl des Prinzen Eugen vom französischen Festungsbaumeister Vauban in der heutigen Form errichtet. In Petrovaradin befand sich ein Regimentskommando der Einheiten der berühmten Militärgrenze, die von der Adria bis zur Bukowina reichte und als militärischer Sicherungsgürtel gegen die Türken angelegt und von Wehrbauern mit ihren Familien besiedelt war. Die «Granitscharen» unterstanden direkt dem Kaiser in Wien; aus ihrer Mitte sind zahlreiche bekannte österreichische Heerführer hervorgegangen. Petrovaradin verlor im 19. Jh. seine militärische Bedeutung, und wurde Gefängnis. Heute ist die Festungsanlage mit Parks, Sportplätzen und einem Hotel revitalisiert.

SREMSKI KARLOVCI (Karlowitz), 8000 Einw., r. U. Bauernstadt am Rande des großen Weingebietes der Fruška Gora. Für Österreich-Ungarn von historischer Bedeutung: Hier wurde 1699 der Friede von Karlowitz geschlossen, durch den Österreich einen Großteil seiner seit zweihundert Jahren an die Türken verloren gegangenen Gebiete wieder zurückerhielt. Sehenswert: Serbisch-orthodoxes Patriarchatsschloß mit Hofkapelle.

NOVI SLANKAMEN, r. U. Kleiner Ort gegenüber der Theißmündung. Die aus den Waldkarpaten kommende Theiß ist der größte Nebenfluß der Donau.

ZEMUN (ung. Zimony, dt. Semlin), 105 000 Einw., r. U. Bis 1918 Grenzstadt Ungarns gegen Serbien; seit 1934 mit Belgrad vereinigt. Ursprünglich eine römische Festung, geriet der Ort 1526 unter türkische Herrschaft und kam erst durch den Frieden von Karlowitz (1699) an das Königreich Ungarn zurück. Ab 1710 wichtige Quarantänestation, durch die das Einschleppen der Pest nach Österreich-Ungarn verhindert werden sollte. Bewohnt wurde Zemun vorwiegend von Serben, Kroaten und Deutschen.

BEOGRAD (Belgrad), 970 000 Einw., r. U. Hauptstadt Jugoslawiens und gleichzeitig Hauptstadt der Teilrepublik Serbien am Zusammenfluß von Save und Donau. Die Stadt hat eine bewegte Vergangenheit: Von Kelten gegründet, fiel die Siedlung später unter die Herrschaft der Römer, Awaren, Bulgaren und Byzantiner, ehe sie ab dem 15. Jh. für fast 450 Jahre von den Türken besetzt gehalten wurde. 1867 befreit, wurde Belgrad Ende des 19. Jh.s Hauptstadt des Königreiches Serbien und 1918 Hauptstadt Jugoslawiens. Im 1. Weltkrieg zweimal von österreichischen Truppen erobert, wird die Stadt im 2. Weltkrieg 1941 ohne Vorwarnung von deutschen Flugzeugen bombardiert und zu zwei Dritteln zerstört. Sehenswert: Festung Kalemegdan, die Kirchen Sv. Marko und Sv. Trojice, die orthodoxe Kathedrale (1837–1845; mit barockem Zwiebelturm) und das Stadtviertel Novi Beograd im ehemaligen Sumpfland zwischen Donau und Save.

SMEDEREVO, 30 000 Einw., r. U. Städtchen an der Mündung der Jezava. Sehenswert: Die Ruinen einer der mächtigsten Türkenfestungen an der unteren Donau. 1427 war Smederevo vorübergehend die Hauptstadt Serbiens. Der Despot Djuadj Branković ließ die gewaltige Festung bauen, die schließlich doch in türkische Hände fiel und bis 1867 eine starke türkische Besatzung hatte.

BAZIAŞ (Basiasch), 5000 Einw., l. U. Rumänischer Grenzort. Von hier bis Turnu Severin bildet die Donau die rumänisch (linkes Ufer) – jugoslawische (rechtes Ufer) Grenze.

VELIKO GRADIŠTE (Groß-Gradischte), 5000 Einw., r. U. Alte Römersiedlung.

MOLDOVA VECHE (Alt-Moldova), l. U. Gemeinsam mit dem 5 km im Landesinnern liegenden Moldova Nouă (Neu-Moldova) 8000 Einw.; wichtiger Hafen. Früher wichtige Lotsenstation für die Durchfahrt durch die Stromenge des Eisernen Tores. Von hier aus begann Kaiser Trajan 101 n. Chr. seinen Feldzug gegen die Geten und Daker.

GOLUBAC, r. U. Kleiner Ort, durch den Rückstau vom Kraftwerk «Eisernes Tor» überflutet und neu aufgebaut. Sehenswert: Burgruine.

BABAKAI-Felsen Bei Stromkilometer 1040 (die Donau wird von der Mündung zum Ursprung kilometriert), inmitten des Stromes, der von vielen Sagen umrankt ist. Angeblich hat hier ein Türke seine Frau an den Felsen schmieden lassen, weil sie versucht hatte, ihm davonzulaufen. Babakai, d. h.: «bereue!» Die Frau wurde befreit, und der Mann kam im Kampf gegen die Christen um. Für die Schiffahrt bedeutete der Babakai-Felsen den Beginn eines der gefährlichsten Streckenabschnitte im Donaudurchbruchstal mit seinen unzähligen Katarakten und Stromschnellen.

TRAJANSTAFEL Bei Stromkilometer 964; erinnert an die römische Uferstraße, die im 1. und 2. Jh. n. Chr. angelegt wurde. Die Tafel wurde im Zuge des Kraftwerkbaues am Eisernen Tor um 40 m nach oben versetzt, um nicht überflutet zu werden. Überflutet hingegen wurde die Széchényistraße, die zwischen 1834 und 1837 auf Veranlassung des ungarischen Wirtschaftsreformers Graf Széchényi von Ing. Vásáhelhy entlang des linken Ufers angelegt wurde. Um die Kontinuität des Warentransportes zu sichern, wurden Personen und Güter zwischen Moldova Veche und Orşova auf der Straße transportiert; eine Entlastung trat erst ein, als Ende des 19. Jh.s in die Kataraktenstrecke eine schmale Schiffahrtsrinne gesprengt wurde.

ORŞOVA, 10 000 Einw., l. U. Neue Stadt, errichtet im Zuge des Kraftwerkbaues am Eisernen Tor. Das alte Orşova wurde durch den Stausee überflutet.

ADA KALEH Einstige Insel bei Stromkilometer 952, durch den Rückstau der Donau überflutet. Die Insel war von Türken besiedelt und nach dem russisch-türkischen Krieg bei der Neuordnung der politischen Verhältnisse auf dem Balkan durch den Berliner Kongreß 1878 «vergessen» worden. 1918 wurde die Insel mit den knapp 500 Einwohnern, die hauptsächlich vom Schmuggel lebten, Rumänien zugesprochen. Die Bewohner wanderten in das Türkenviertel von Constanţa (Konstanza) bzw. in die Türkei ab.

EINFAHRT EISERNES TOR (serb. Donje Djerdab, rum. Portile de fier) bei Stromkilometer 948. Das Eiserne Tor war durch seine Riffe ein gefürchtetes Schiffahrtshindernis, das endgültig erst durch den Rückstau des Donaukraftwerkes «Eisernes Tor» beseitigt werden konnte. Schon die Römer hatten hier einen Umgehungskanal angelegt; zwischen 1891 und 1896 wurde von Österreich-Ungarn unter großen Opfern – bei den Sprengarbeiten kamen an die fünfhundert Menschen ums Leben – ein 2,5 km langer Kanal gebaut, der auch Dampfschiffen mit Hilfe von Vorspann-Seilschiffen die Durchfahrt ermöglichte. Im 1. Weltkrieg bauten österreichische und deutsche Pioniere eine Treidelbahn längs des Kanals. Alle diese Anlagen sind heute unter Wasser.

KRAFTWERK «EISERNES TOR» In der Nähe der jugoslawischen Ortschaft Kladovo bei Stromkilometer 941 bzw. auf der rumänischen Seite bei Kilometer 944. Die Kraftwerkanlagen am Eisernen Tor sind die größten entlang der Donau. Das Kraftwerk wurde von Jugoslawien und Rumänien gemeinsam errichtet, hat eine installierte Leistung von 2100 MW und liefert für jeden Partner jährlich 5 Milliarden kWh Strom.

KLADOVO, 5600 Einw., r. U. Serbisches Städtchen; wirtschaftlicher Aufschwung durch das Donaukraftwerk und Industrialisierung. Etwas stromabwärts ließ Kaiser Trajan 105 n. Chr. eine steinerne Donaubrücke errichten, die zu den bedeutendsten Bauten römischer technischer Architektur zählt.

DROBETA TURNU SEVERIN, 67 800 Einw., l. U. Einer der wichtigsten rumänischen Donauhäfen und Industriestadt (Holz- und Lebensmittelverarbeitung). Zur Römerzeit linker Brückenkopf der berühmten Trajansbrücke. Die 1070 m lange Brücke wurde von dem Architekten Appolodorus von Damaskus errichtet und von Kaiser Hadrian (117–138) aus Angst vor den angreifenden «Barbaren» aus dem Norden abgerissen. Die Überreste sind bei Stromkilometer 928,9 zu sehen. Unter Kaiser Severus (222–235) wurde der Ort neu befestigt; die im Mittelalter erbaute Burg diente den Kreuzrittern als Stützpunkt. Seit 1859 gehört Turnu Severin, das anläßlich der Eröffnung des Kraftwerkes «Eisernes Tor» im Jahre 1972 den römischen Beinamen Drobeta erhielt, zu Rumänien.

CALAFAT, 15 000 Einw., l. U. Kleiner rumänischer Ort mit Industrie und Getreidehandel; zwischen 1828 und 1877 wichtige Festung gegen das von den Türken besetzte Bulgarien.

VIDIN (Widin), 36 800 Einw., r. U. Bedeutende bulgarische Hafenstadt, mit Calafat durch eine Eisenbahnfähre verbunden; seit 1845 großzügig industrialisiert. Bewegte Geschichte: Im 3. Jh. v. Chr. Keltensiedlung, dann römisches Kastell Bononia, unter dem bulgarischen Zaren Tervel (701–718) in Vidin umbenannt. 1396 von den Türken erobert, die sie zur wichtigsten Festung an der unteren Donau ausbauten. Von den sieben Festungsgürteln und den zentralen Verteidigungsanlagen sind vier Türme und die innere Burg erhalten geblieben. Sehenswert: Baba Vida (guterhaltene mittelalterliche Burg), Kaleto-Festung, zahlreiche Moscheen, ein Derwischkloster.

LOM, 29 000 Einw., r. U. Bulgarischer Donauhafen, Reparaturwerft; reiche landwirtschaftliche Umgebung (riesige Melonenplantagen).

NIKOPOL, 6000 Einw., r. U. Bedeutende Stadt zur Zeit des Zweiten Bulgarischen Reiches im 13. und 14. Jh. Im türkisch-russischen Krieg von 1877 war Nikopol eine wichtige Festung der Türken; nach ihrer Eroberung errichteten die Russen eine Schiffsbrücke über die Donau und konnten dadurch rasch kriegsentscheidende Reserven über den Strom setzen.

TURNU MĂGURELE, 48 000 Einw., l. U. Rumänische Stadt, gegenüber von Nikopol. Hier entsteht ein gemeinsames Donaukraftwerk von Bulgarien und Rumänien.

RUSE, 175 000 Einw., r. U. Bulgarische Industriestadt. Zur Römerzeit ein befestigter Hafen; während der Türkenherrschaft bedeutender Handelsort; hier unterhielten Kaufleute aus Ragusa (heute Dubrovnik) eine eigene Handelsniederlassung. In den Jahren 1864–1866 wurde zwischen Ruse und Warna (Schwarzes Meer) die erste bulgarische Eisenbahnlinie gebaut. Das heutige Stadtzentrum stammt vorwiegend aus dem 19. Jh. Ruse ist durch eine Bahn- und Eisenbahnbrücke (erbaut 1952–1954) mit dem rumänischen Giurgiu verbunden. Im Rahmen der Zusammenarbeit der kommunistischen Länder innerhalb des «Rates für gegenseitige Wirtschaftshilfe» werden in beiden Städten gemeinsame Industriekombinate errichtet.

GIURGIU, 52 000 Einw., l. U. Rumänische Hafen- und Industriestadt, Endstelle der Pipeline aus dem rumänischen Erdölgebiet von Ploesti. Zur Türkenzeit türkische Enklave im walachischen Fürstentum. Ausgangspunkt für den Besuch der 64 km entfernten rumänischen Hauptstadt Bucuresti (Bukarest).

SILISTRA, 33 000 Einw., r. U. Einstige thrakische Siedlung, später wichtige römische Festung (Durostorum) in der Provinz Moesia; bedeutender Straßenknotenpunkt und Handelsplatz. Wurde nach 1878 zum Zankapfel zwischen Bulgarien und Rumänien: 1878 bulgarisch, 1913 rumänisch, 1916 bulgarisch, 1918 rumänisch, 1945 bulgarisch. Bei Silistra beginnt das riesige Sumpf- und Auland der Balta, das durch den Rückstau der Donauwässer in der Dobrudscha zustande kam. Die Donau wird ab Silistra auf beiden Seiten wieder rumänisch.

CERNAVODĂ, 25 000 Einw., r. U. Rumänische Hafenstadt; wichtiger Umschlagplatz für Güter aus dem Schwarzmeerhafen Constanţa. 1895 wurde von hier aus mit französischem Kapital eine 15 km lange Eisenbahnbrücke über den schiffbaren Borcea-Arm, die Balta-Insel und die eigentliche Donau gebaut (unter Leitung des rumänischen Ingenieurs Saligny) und damit die Schwarzmeerküste mit dem europäischen Eisenbahnnetz verbunden. Jetzt entsteht entlang der Bahnlinie der Donau-Schwarzmeer-Kanal.

BRĂILA, 150 000 Einw., l. U. Rumänische Stadt mit starkem türkisch-orientalischen Einschlag. Brăila war von 1544–1828 türkische Festung und wichtiger Hafen der Donauflotte. Jetzt starke Industrialisierung. Der Hafen kann von kleineren Seeschiffen angelaufen werden.

GALAŢI (Galatz), 184 000 Einw., l. U. Eine der größten Industriestädte Rumäniens; 1965 wurde hier das größte rumänische Eisen- und Stahlwerk in Betrieb genommen; große Schiffswerft. Historisch ist Galaţi verhältnismäßig jung, es wurde erst im 16. Jh. von Kaufleuten verschiedener Nationen gegründet. Die Stadt, die in den letzten Tagen des 2. Weltkriegs von deutschen Truppen gesprengt wurde, wurde neu aufgebaut; sie liegt zwischen den Mündungen zweier großer Flüsse, des Sereth und des Pruth. Ab Galaţi beginnt die sogenannte Mündungsdonau.

IZMAIL, 70 000 Einw., l. U. Russischer Donauhafen; die Stadt gehörte bis 1917 zu Rußland, kam dann an Rumänien und wurde 1945 wieder russisch.

CHILIA-ARM, Der nördlichste Mündungsarm der Donau; er ist 120 km lang und bildet die Grenze zwischen Rumänien und der Sowjetunion.

TULCEA, 43 000 Einw., r. U. Lotsenstation; Ausgangspunkt für Ausflüge in das Donaudelta. Sehenswert: Donaumuseum mit bemerkenswerten Aquarien.

SULINA-ARM, 72 km lang, Hauptschiffahrtsweg zum Schwarzen Meer; die derzeitige Wassertiefe von 7 m soll auf 10 m gebracht werden. Dieser Donauarm wurde zum Kanal ausgebaut und durch künstliche Dammbauten gesichert. Das Mündungsgebiet des Donaudeltas ist 4340 km^2 groß und besteht aus Sümpfen, Schilfdickicht und zahllosen Seen und Wasserläufen, die sich ständig verändern. Alljährlich schiebt sich das Delta um einige Meter weiter ins Meer hinein.

MALIUC, 1900 Einw., l. U. Ausgangsort für Ausflüge in das Seengebiet des Deltas; bekanntes Schilf-Forschungsinstitut. Von hier erfolgt die Schilfernte, jährlich etwa 200 000 t. Das Schilf des Deltas diente schon den Griechen und Römern als Baustoff.

SULINA, 5600 Einw., r. U. Rumänische Hafenstadt an der «offiziellen» Donaumündung; wurde bereits vor 1000 Jahren von byzantinischen und genuesischen Schiffen angelaufen. Bis 1945 überwiegend griechische Bevölkerung. Heute stark entwickelte Fischereiindustrie. Vor der Stadt liegt im Schwarzen Meer die «Schlangeninsel» mit einem Leuchtturm.

SFÎNTU-GHEORGHE-ARM, 105 km lang; die Donau erreicht mit ihm ihre größte Länge von 2850 km. Er ist wenig befahren und hier befinden sich die großen Pelikankolonien.

Bild rechts: *Wildgänse über dem Delta.* – Vorsatz hinten: *Abendstimmung an der Donau bei Cernavodă. In der linken Bildhälfte ist die Silhouette der Eisenbahnbrücke zu erkennen.*